Helmut Willke

Global Governance

Die Beiträge der Reihe Einsichten werden durch Materialien im Internet ergänzt, die Sie unter **www.transcript-verlag.de** abrufen können. Das zu den einzelnen Titeln bereitgestellte Leserforum bietet die Möglichkeit, Kommentare und Anregungen zu veröffentlichen. Wir freuen uns auf Ihre Teilnahme!

Einen Einblick in die ersten 10 Bände der Einsichten gibt die Multi-Media-Anwendung »**Einsichten – Vielsichten**«. Neben **Textauszügen** aus jedem Band enthält die Anwendung ausführliche **Interviews** mit den Autorinnen und Autoren. Die CD-ROM ist gegen eine Schutzgebühr von 2,50 € im Buchhandel und beim Verlag erhältlich.

Bibliografische Information der Deutschen Bibliothek
Die Deutsche Bibliothek verzeichnet diese Publikation in der Deutschen Nationalbibliografie; detaillierte bibliografische Daten sind im Internet über http://dnb.ddb.de abrufbar.

© 2006 transcript Verlag, Bielefeld
Lektorat: Kai Reinhardt, Bielefeld
Projektmanagement: Andreas Hüllinghorst, Bielefeld
Druck: Majuskel Medienproduktion GmbH, Wetzlar
ISBN 3-89942-457-3

Gedruckt auf alterungsbeständigem Papier mit chlorfrei gebleichtem Zellstoff.

Inhalt

Abkürzungen

AI	Amnesty International
AP	Allied Press
BE	Business Excellence
BIS/BIZ	Bank for International Settlements/
	Bank für internationalen Zahlungsausgleich
BSC	Balanced Scorecard
EFQM	European Foundation of Quality Management
ETSI	European Telecommunication Standardization Institute
EU	European Union/Europäische Union
EVA	Economic Value Added
FSF	Financial Stability Forum
GATS	General Agreement on Trade in Services
GATT	General Agreement on Tariffs and Trade
ICFTU	International Confederation of Free Trade Unions
ICRC	International Committee of the Red Cross
IEEE	International Union of Electrical and Electronic Engineers
IIF	Institute of International Finance
ILO	International Labour Organization
IMF/IWF	International Monetary Fund/
	Internationaler Währungsfond
IOC/IOK	International Olympic Committee/
	Internationales Olympisches Kommittee
IOSCO	International Organization of Securities Commissions
ISOC	Internet Society
KMU	kleine und mittlere Unternehmen
MSF	Médecins sans Frontières
NGO	Nichtregierungsorganisation/
	Non-government organization
ROI	Return on Investment
TNC	Transnational Corporation
TRIPS	Treaty on Rights of Intellectual Property and Software
UPI	United Press International
WB	World Bank/Weltbank
WHO	World Health Organization
WTO	World Trade Organization
WWF	Worldwide Fund for Nature

Politikwissenschaft und Gesellschaftstheorie reden ganz selbstverständlich von *global governance* (deutsch: globale Governanz), obwohl es keine Weltregierung, keine Weltparteien, kein Weltparlament und keinen Weltsouverän gibt. Ob es einen Weltstaat in einem institutionellen Sinne geben sollte, ist eher zweifelhaft. Denn bislang und auf längere Sicht scheinen alle Voraussetzungen dafür zu fehlen, um aus der Idee eines Weltstaates eine funktionsfähige Praxis zu machen. Was ist dann unter globaler Governanz zu verstehen, wenn alle Merkmale traditioneller demokratischer Herrschaft fehlen?

Globale Governanz bezeichnet die Steuerung globaler Kontexte durch Organisationen, Institutionen, Regelsysteme, Vertragswerke und andere Vereinbarungen. Beispielhafte Institutionen globaler Governanz sind etwa WTO, BIZ, Weltbank, die Weltgesundheitsorganisation WHO, das IOK oder die UN, aber auch weltweit agierende private Organisationen und NGOs wie etwa »Amnesty International« oder der WWF. Institutionen und Organisationen dieser Art sind die Kristallisationskerne von Governanz-Regimen, die in verschiedenen Feldern globaler Problembehandlung – in lateralen Weltsystemen – Steuerungsmodelle in Gang bringen und betreiben.

Durch die sich entwickelnden Formen von Governanz steuern sich laterale Weltsysteme wie Weltwirtschaft, Weltfinanzsystem, Weltgesundheitssystem, Weltmediensystem, das globale Wissenschaftssystem etc. selbst. Dies ist erforderlich, weil es keine Weltregierung gibt, also klassische politische Steuerung (Regieren durch »government«) durch Governanz ersetzt werden muss: »from government to governance«. Damit etablieren sich Formen der Selbststeuerung und der Kontextsteuerung von globalen Arenen (Problemzusammenhängen) jenseits der nationalstaatlichen Politik.

Im Rahmen der Debatten und Analysen zu den Themenkomplexen Globalisierung, Wissensgesellschaft und transnationale Regime konkurrieren unterschiedliche theoretische Ansätze und Erklärungsmodelle. Sie erstrecken sich über die ganze Spannweite von neo-marxistischen bis zu marktfundamentalistischen Konzeptionen. *Kapitel II* behandelt die wichtigsten dieser Theorien globaler Governanz. In der hier zugrunde gelegten systemtheoretischen Perspektive läuft die Kritik an diesen Ansätzen im Kern darauf hinaus, dass sie zu einseitig auf einen oder einige wenige der relevanten Faktoren fokussieren und damit der Komplexität der Globalisierungsprozesse nicht gerecht werden.

Idealtypische Mechanismen und Ressourcen für den Aufbau von Governanzregimen sind Markt, Recht (Hierarchie), Solidarität und Expertise. Diese Formen werden in *Kapitel III* als grundlegende Modelle der Systemsteuerung erläutert. Dabei steht die Frage im Vordergrund, welche Rolle sie im Konzert der Mechanismen globaler Governanz übernehmen können und sollen. Ein brauchbares Governanz-Regime wird sich nicht auf einen Idealtypus reduzieren lassen. Die entscheidende Frage ist daher, welche Mischformen oder Hybridmodelle von Governanz die besten Aussichten haben, sich in der Praxis globaler Governanz zu bewähren.

Das eigentliche und qualitativ neue Problem globaler Governanz resultiert aus der sich verdichtenden Konvergenz von Weltgesellschaft und Wissensgesellschaft. Zwar gibt es gegenwärtig weder eine Weltgesellschaft noch eine Wissensgesellschaft in entwickelter Form, aber es lassen sich deutliche Dynamiken beobachten, die zwei grundlegende Transformationen vorantreiben: zum einen die Transformation von einer Dominanz nationalstaatlich organisierter Gesellschaften zu einer Konstellation, in der Nationalstaaten, globale Kontexte und laterale Weltsysteme als Vorboten einer Weltgesellschaft zusammenspielen und in Widerspruch zueinander treten. Und zum anderen die Transformation von der Industriegesellschaft zur Wissensgesellschaft. Diese zweite Transformation vollzieht sich zwar vorrangig in der Ersten Welt, aber sie hat bereits jetzt massive Auswirkungen auf die Zweite und die Dritte Welt *und* damit aufgrund der bestehenden wechselseitigen Abhängigkeiten entsprechende Rückwirkungen auf die Erste Welt.

Die entscheidende Herausforderung für Theorie und Praxis globaler Governanz ist demnach die Steuerung der globalen Wissensgesellschaft. Die *Kapitel IV* bis *VI* widmen sich unterschiedlichen Aspekten dieser Herausforderung. Obwohl es keinen Weltstaat gibt, entwickeln sich Konturen und Inhalte einer ersten Ausprägung von globaler Wissensgesellschaft auf vielen Ebenen und in vielen Formen. Das Thema *Global Governance* bezieht sich auf die Frage nach der Regierung oder Steuerung einer wissensbasierten Weltgesellschaft. Insbesondere sind folgende Fragen relevant:

– Welche Logik und welche Dynamik treiben die Entstehung globaler Kontexte?
– Welche Ordnungsformen regulieren oder steuern die Weltgesellschaft?
– Welche Modelle der Steuerung entwickeln sich in den unterschiedlichen globalen Kontexten?
– Welche Beziehungen bestehen zwischen den Nationalstaaten als klassischen Akteuren der internationalen Beziehungen und den neuen globalen Kontexten, die sich aus den nationalstaatlichen Grenzen heraus entwickeln?
– Welche Institutionen globaler Governanz haben sich entwickelt und nach welchen Regeln und Modellen steuern sie ihre Zuständigkeitsbereiche?
– Lassen sich neue Modelle und Instrumente politischer Steuerung jenseits der Nationalstaaten beobachten?
– Wie wirken die neuen Steuerungsformen und -modelle zurück auf die Ebene der Nationalstaaten und wie verändern sie die Regierungsformen der klassischen, nationalstaatlich organisierten Gesellschaften?
– Welche Bedeutung hat die prägnante Wissensabhängigkeit und Wissensintensität aller Prozesse der Steuerung hochkomplexer Systeme?
– Wie wirkt sich die ›neue‹ Ressource Wissen als dominanter Produktivfaktor auf die Bildung der Weltgesellschaft und ihre Steuerungsformen aus?

Diese Fragen bilden die Leitlinien für die folgenden Ausführungen.

In diesem Kapitel soll es um Theorien globaler Governanz gehen, also um die sehr unterschiedlichen Antworten auf die Frage, welcher Logik die entstehenden globalen Kontexte folgen. Wichtig ist, dass in diesem Buch nicht die Details der verschiedenen Theorien von Globalisierung im Vordergrund stehen. Dazu gibt es bereits informative und gut lesbare Texte (siehe dazu vor allem Dürrschmidt 2000; Wobbe 2000). Vielmehr liegt hier die Betonung darauf, herauszuarbeiten, welche unterschiedlichen Dynamiken die Globalisierung treiben und wie eine Erklärung von Globalität aussehen könnte, welche die vielschichtige Transformation einer nationalstaatlich organisierten Welt in eine komplexe transnationale Ordnung angemessen beschreibt.

Dabei stellt sich heraus, dass die vorgestellten Theorien bemerkenswert einseitig auf die Herausforderung globaler Governanz antworten und deutliche blinde Flecken aufweisen. Selbstverständlich hat *jede* Theorie und *jeder* Erklärungsansatz blinde Flecken. Das lässt sich nicht vermeiden, weil jede Beobachtung selektiv verfahren muss, also sich entscheiden muss, was sie betonen will und was sie ausschließen muss. Dennoch drängt sich der Eindruck auf, dass die hier verhandelten Theorien globaler Governanz insgesamt darunter leiden, dass sie mit wenigen Ausnahmen die Traditionen der Beobachtung nationalstaatlich organisierter Gesellschaften auf globale Kontexte und eine mögliche Weltgesellschaft übertragen und so das eigentlich Aufregende verpassen: dass in einer historisch singulären Konstellation die Dynamik der Globalisierung sich mit der Dynamik einer Transformation der Industriegesellschaft trifft und aus diesem Zusammenspiel und Zusammenprall eine einzigartige Herausforderung an die Analyse – und an die Praxis! – globaler Governanz folgt.

Obwohl ein Weltstaat (noch) nicht existiert, haben sich Anfänge und Konturen einer Weltgesellschaft – in einem noch zu klärenden Sinne – herausgebildet. Es gibt unzweifelhaft seit vielen Jahrhunderten vielfältige dynamische Prozesse der Globalisierung. Globale Zusammenhänge, Vernetzungen, Abhängigkeiten, Transaktionsbeziehungen etc. sind entstanden und entwickeln sich auf der Basis neuer Technologien und Infrastrukturen fort. So sieht Marx im 25. Kapitel des Kapitals den Beginn des modernen Kapitalismus als Weltkapitalismus im 16. Jahrhundert (Marx 2005: 707ff.) und in diesem Sinne muss bereits das Zeitalter des Kolonialismus als eine der ersten Ausprägungen von Globalisierung verstanden werden.

Dennoch bildet sich im letzten Drittel des 20. Jahrhunderts eine neue Qualität der Globalisierung heraus. Sie ist gekennzeichnet vom Ende des Kalten Krieges und dem Zusammenbruch der sozialistischen Staaten sowie von den Faktoren der Digitalisierung und Virtualisierung, der weltweiten Verbreitung von Computern und Netzen (Internet und Intranets), einer Verdichtung globaler Informations- und Kommunikationsströme durch satellitengestützte Telefonnetze und weltweit zugängliche und verbreitete Massenmedien. Neben diesen gut sichtbaren und oft beschriebenen Phänomenen tragen weitere Faktoren zu einer Intensivierung globaler Zusammenhänge bei. Es sind Faktoren, die etwas versteckter sind, die aber für die Ausbildung globaler Kontexte zumindest ebenso wichtig sind: globale Standards der Evaluierung, Leistungsmessung und Kontrolle von Unternehmen und anderen Organisationen wie vor allem Bewertungen durch die Rating-Agenturen, globale Standards für Rechnungslegung *(accounting)*, Risikomanagement (»Basel II«) oder Qualitätsmanagement. (Alle diese Faktoren werden später noch erläutert – hier dienen sie nur als Beispiele und Belege.)

Abbildung 1: Fundamentale Spannung der Globalisierung

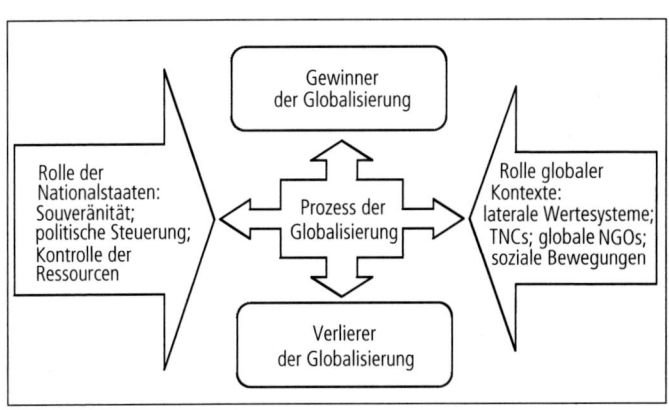

Das fundamentale Spannungsfeld, das Globalisierungsprozesse aufbauen und in welchem sich globale Governanz zu beweisen hat, lässt sich durch zwei Konfliktdimensionen bezeichnen (siehe dazu Abb. 1): zum einen die vielschichtige Auseinandersetzung zwischen den Gewinnern und den Verlierern der Globalisierung sowie zum anderen die komplexen Konstellationen des Zusammenspiels von Nationalstaaten und globalen Kontexten.

1. PRIMAT DER ÖKONOMIE:
DER ÖKONOMISTISCHE ANSATZ UND SEINE GRENZEN

Bereits in den 1960er Jahren beschreibt Immanuel Wallerstein in der Tradition von Marx ein kapitalistisches Weltsystem, das sich durch die Dynamik der globalen, von nationalstaatlichen Grenzen sich lösenden Logik des Kapitals bildet. Dieses Weltsystem braucht keine Akteure, vielmehr folgen die Akteure einer Logik kapitalistischer Akkumulation, die sich hinter ihrem Rücken vollzieht. Es ist demnach die institutionelle Logik eines kapitalgetriebenen, entterritorialisierten Marktes, des Weltmarktes, die dem Weltsystem seine Form zuweist (zum gegenwärtigen Stand der Debatte siehe Arrighi/Goldfrank 2000; zum Verhältnis des Weltsystems zu demokratischen Institutionen siehe Markoff 1999; Sklair 1999; Wallerstein 1979). Allerdings besteht für Wallerstein das Weltsystem vorrangig aus Nationalstaaten, die nur nach Zentrum, Peripherie und Semiperipherie unterschieden werden. Eine über die Nationalstaaten hinausgehende Ebene von politischer Steuerung oder Governanz sieht Wallerstein gerade nicht, und er benutzt auch nur selten den Begriff Globalisierung.

Die Stärke dieses Ansatzes ist darin zu sehen, dass er die grenzüberschreitende Logik des Kapitals ernst nimmt. Er betont zurecht die expansive Rolle der Ökonomie, die aus den engen Grenzen der Nationalstaaten hinausdrängt, nicht nur um größere Wirtschaftsräume zu formen, sondern eben auch, um den beschränkenden Regulierungen der nationalen Politiksysteme zu entkommen. Damit kommt zum Vorschein, dass in modernen Gesellschaften eine der Aufgaben von Politik immer schon darin besteht, einen adäquaten Rahmen für die Grenzen der Wirtschaft und des Wirtschaftens zu definieren und darüber eine Zähmung oder zumindest eine politisch-soziale Einbettung des Kapitalismus zu erreichen (Granovetter 1985).

Die neo-marxistische Tradition des Wallerstein'schen *World-System-Ansatzes* ist mit dem Jahre 1989 keineswegs beendet. Sie lebt in einer Zeitschrift fort, dem »Journal of World Systems Research«, die auch im Internet zugänglich ist. Zudem greifen zwei wichtige Bewegungen die Grundgedanken dieses Ansatzes auf und führen sie in neue Richtungen weiter: (1) Zum einen sind dies die vielfältigen Ausprägungen einer Globalisierungskritik, die sich am Konstrukt des »Neoliberalismus« orientiert. (2) Zum anderen sind dies die Positionen einer Reihe von Entwicklungsländern, die sich in vielen Hinsichten als Verlierer der Globalisierung sehen. (3) Über diese Entwicklung hinaus ist ein dritter Diskussionsstrang knapp vorzustellen, der unter dem Stichwort »Washington Consensus« eine konsequent liberale Position vertritt, die sich ebenso klar gegenüber einem neo-marxistischen wie gegenüber einem wohlfahrtsstaatlichen Ansatz abgrenzt. In einer radikalisierten Form führt dieser Ansatz in die Sackgasse einer »markt-fundamentalistischen« Konzeption, die der überwunden geglaubten Auffassung anhängt, der Markt könnte alle Übel dieser Welt richten.

(1) Der ökonomistische Ansatz als *Neoliberalismuskritik* soll hier nicht umfassend gewürdigt, sondern nur in wenigen Grundzügen dargestellt werden, um seine Relevanz für das Problem globaler Governanz deutlich zu machen (ausführlich dazu G. Willke 2003). Wenn es für die vielfältigen Strömungen der Globalisierungskritik einen gemeinsamen Nenner gibt, dann ist es das etwas künstliche Konstrukt eines Neoliberalismus, von dem niemand so recht sagen kann, was es eigentlich beinhaltet und was an einer liberalen oder neoliberalen Wirtschaftsordnung denn so grundlegend falsch sein sollte.

Das Feindbild des Neoliberalismus beleuchtet allerdings ein grundlegendes Problem der Auflösung nationalstaatlich organisierter und geprägter Wirtschaftsordnungen. Diese Ordnungen haben aus parteipolitischen Gründen häufig geschützte Räume, Staatsmonopole (wie Post, Bahn, Telekom etc.), Subventionierung nicht konkurrenzfähiger Branchen (Landwirtschaft, Steinkohle, Baugewerbe etc.) und weitere polit-ökonomische ›Ausnahmen vom Markt‹ etabliert, vorgeblich um Branchen, Regionen oder Gruppen vor Marktkonkurrenz zu schützen, faktisch aber, um dem politischen Druck einer ökonomischen Interessenklientel nachzugeben. An den Folgekosten dieser Art von Subventionspolitik hat sich der Wohlfahrtsstaat verhoben – und ein Ende ist noch nicht abzusehen.

Überall in der entwickelten Welt gibt es Anstrengungen, diese Entwicklung zu höheren Staatsausgaben, höherer Verschuldung und höheren Wohlfahrtskosten zu korrigieren. Die nationalstaatliche Politik stand und steht dabei häufig auf verlorenem Posten, weil die »vested interests« (die dominierenden Interessengruppen) ihre Pfründe verteidigen und so einen Immobilismus oder Reformstau erzeugen. In diese Situation bricht nun die Globalisierung als massive Dynamik der Auflösung nationalstaatlicher Bindungen und Begrenzungen ein. Sie zwingt die Nationalstaaten dazu, sich globaler Konkurrenz zu stellen. Sie löst nationale Abhängigkeiten, nationale Regulierungskompetenzen, nationale Alleingänge auf und verpflichtet die nationalstaatlichen Akteure – etwa mit den Regeln und Standards der WTO (vgl. Kap. IV/1) – dazu, Handelshemmnisse auszuräumen und fairen Regeln des internationalen Wirtschaftsaustausches zu folgen.

So vernünftig dies klingt, so klar gibt es Verlierer dieser Entwicklung – eben alle bislang geschützten und subventionierten Gruppen, Branchen und Regionen. Es ist daher nicht verwunderlich, dass diese sich gegen Globalisierung, Liberalisierung, Privatisierung etc. wehren und ihre Interessen verteidigen. Aber es ist die Frage, ob dies eine überzeugende Kritik an Prozess und Dynamik der Globalisierung abgibt. Eher ist anzunehmen, dass die Krise des Wohlfahrtsstaates ohne den Reformanstoß der Globalisierung noch weiter verdrängt würde und die Kosten dieser Reformunfähigkeit auf künftige Generationen abgewälzt würden.

Die Globalisierungskritik, die sich am ökonomischen Feindbild des Neoliberalismus entzündet (ausführlich dazu Ayres 2004), beleuchtet beispielhaft Rückwirkungen der Globalisierungsdynamik auf die nationalstaatliche Ebene. Während globale Governanz im Feld der Ökonomie auf eine Welt-Freihandelszone und einen einheitlichen Weltwirtschaftsraum drängt, erleben dies die Nationalstaaten zunächst häufig als Bedrohung und Herausforderung. Die nationalstaatlichen politischen Systeme sehen ihre lieb gewordenen Möglichkeiten beeinträchtigt, mit dem Zuckerbrot von Subventionen und anderen wohlfahrtsstaatlichen Wohltaten politischen Einfluss auszuüben und politischem Druck nachzugeben. Aber was soll an dieser Herausforderung von Liberalisierung und Entstaatlichung aus einer gesellschaftspolitischen Perspektive falsch sein?

Es gibt analoge Erfahrungen mit der Governanz der Europäischen Union (EU). Obwohl die Politik und die Richtlinien der Kommission häufig kritisiert werden, nutzen viele nationalstaatlichen Regierungen die Vorgaben der EU, um (mit entschuldigendem Verweis auf den Zwang der EU) endlich Reformvorhaben umzusetzen, die sie aus eigener Kraft gegen die inneren politischen Interessengruppen nicht hätten durchsetzen können.

Hieran wird deutlich, dass das Weltsystem heute als föderaler Zusammenhang betrachtet werden muss, der von der lokalen bis zur globalen Ebene reicht. Zwischen den Ebenen spielt sich eine »Mehrebenenpolitik« ein, die oft zu unerwarteten Verknüpfungen, lateralen Relationen, Koalitionen und Spiegelfechtereien führt (mit entsprechenden Schuldzuweisungen oder Zuschreibungen von Erfolgen). Was auf der Ebene von Regionen (regionale Cluster, siehe dazu Kanter 1996) und Nationen (nationale Standortpolitik) ökonomisch geboten oder sinnvoll erscheint, kann sich auf der Ebene von Organisationen oder Personen ganz anders darstellen. Theorien globaler Governanz unterscheiden sich auch darin, auf welche Ebene eines Mehrebenen-Systems sie ihr Augenmerk legen und welche Ebenen sie ausklammern.

Tatsächlich ist es möglich, Weltgesellschaft auf der Ebene der Individuen zu begründen – und dies wird von Autoren von Wolfgang Zapf bis zu Ulrich Beck so vertreten. Genauso ist es möglich, Weltgesellschaft auf der Ebene der Nationalstaaten zu beobachten und zu bewerten – und auch dies wird mit einer Spannweite von Affirmation (Held/McGrew 2002) bis zu Ablehnung (Hirst/Thompson 1996; Krasner 2001) vertreten. Ähnliches gilt für jede Zwischenebene und für jedes einzelne Funktionssystem oder jede Kombination von Funktionssystemen (siehe dazu Abb. 2).

Abbildung 2: Entwicklung der Konzeptionen
von Weltsystemen/Weltgesellschaft

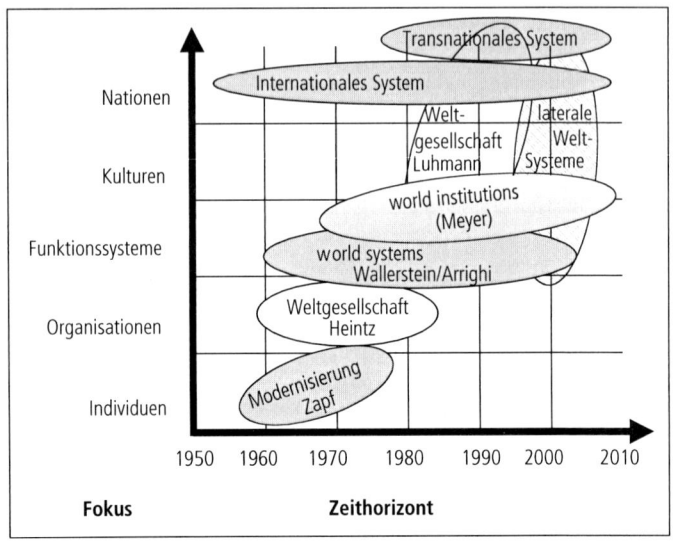

(2) Der ökonomistische Ansatz der *Kritik vieler Entwicklungsländer*
an der Globalisierung und an globaler Governanz hat einen ver-
gleichbaren Hintergrund im Feindbild des Neoliberalismus. Aber
offensichtlich sind die Voraussetzungen und Bedingungen dieser
Kritik völlig anders als im Fall der westlichen Wohlfahrtsgesellschaften. Die Entwicklungsländer wehren sich aus verständlichen
Gründen gegen eine Verschlechterung der »Terms of Trade«, die
ihnen von den ökonomisch überlegenen globalen Konzernen
(»transnational corporations«, TNCs) aufgezwungen werden. Dies
betrifft vor allem solche Länder, die hauptsächlich Bodenschätze
oder Monokulturen anzubieten haben und deren Infrastrukturen
und Bildungssysteme schwach ausgeprägt sind.

Im Gegensatz dazu haben einige Schwellenländer und ›große‹
Entwicklungsländer wie Brasilien, China oder Indien auf einigen
Feldern andere Interessen und verteidigen zusammen mit der EU
und den USA die gängigen massiven Agrarsubventionen und
stellen sich so gegen die ganz armen Länder.

Angesichts der manifesten Not vieler Menschen in den Entwicklungsländern ist es viel schwieriger, der üblichen Globalisierungskritik Argumente entgegenzusetzen, welche die ökonomistische Verengung der Perspektive deutlich machen können. Die Frage ist aber, ob es ›die‹ Globalisierung ist, die im Kern für die Not dieser Menschen verantwortlich ist, oder aber vorrangig andere Faktoren. Zwar haben einige ernst zu nehmende Ökonomen begründet, dass die Globalisierung vor allem durch die Erleichterung von Handel und Austausch Wohlfahrtsgewinne auch für die Entwicklungsländer geschaffen haben (Überblick bei Donges/ Menzel/Paulus 2003). Aber trotz der deutlichen empirischen Evidenz scheint das Argument die Kritiker wenig zu beeindrucken:

»In short, as the 1990s came to a close, a master diagnostic frame critical of neoliberal globalization slowly crystallized and gained a wider international acceptance. It was not a completely hegemonic counter frame: regional and national-level variations persisted. Yet, the strength of this anti-neoliberal master frame lay in its breadth and capacity to absorb and accommodate the variety of movement and region specific frames that spurred collective action against neoliberal agreements and institutions over the previous several years. In fact, this master frame clearly took on a sufficiently broad interpretive scope in its inclusiveness, cultural reach and flexibility arguably to function as a master ›injustice frame‹, indicting neoliberalism for a variety of perceived injustices: from environmental degradation, the shifting of jobs to low wages production sites, human rights abuses in sweatshops, and still growing poverty and persistent indebtedness across the developing world« (Ayres 2004: 20, Nachweise im Text weggelassen).

»A full-scale analysis of globalization must distinguish among several aspects of the globalization process. Chiefly, we must separately discuss: 1) International Migration, 2) Direct Foreign Investment (DFI), 3) International Trade 4), Short-term Capital Flows. Whereas the public debate, principally among NGO activists, tends to indiscriminately refer to all these phenomena, and the policies that often reinforce them, as ›globalization‹ per se, the fact is that while they have similarities they also have striking contrasts, both economic and political. [...] I will also argue that, reflecting on these differences, we need differential approaches to managing globalization on these different dimensions. Further, we need to appreciate that this management must reflect the principles of what I call ›Appropriate Governance‹. The latter includes question such as, if we are to oversee and promote more humane policies on labor standards, should the appropriate international institution to address that issue be the ILO or the WTO, and should we set who will fill lacunae in existing in international institutions, e.g. by creation of a WMO (World Migration Organization) to monitor and review the worldly increase of movements of people across borders, instead of ad hoc national, bilateral and multilateral measures to address these problems?« (Bhagwati 1999: 2)

Ganz im Sinne des Zitates von Ayres wird ein virtueller Neoliberalismus für praktisch alle Übel dieser Welt verantwortlich gemacht – und damit werden andere Kausalketten und Wirkungsmechanismen außer Acht gelassen. Diese Verengung auf das Ökonomische spiegelt eine alte Tradition des Denkens, die einen Primat der Ökonomie für das ›Schicksal‹ und die Steuerung einer Gesellschaft postuliert. Für moderne Gesellschaften, die nach dem Prinzip der funktionalen Differenzierung organisiert sind, ist dies schon deshalb widersinnig, weil in funktional differenzierten Systemen nicht einseitige, sondern wechselseitige Abhängigkeiten der spezialisierten Komponenten bestehen. (Genauso intelligent wäre es zu sagen, dass für das Überleben eines Menschen das Herz oder der Magen oder die Lunge einen Primat habe.) Aber auch für Entwicklungsländer birgt die ökonomistische Verengung die Gefahr, andere Faktoren zu vernachlässigen. Sie selbst und viele der NGOs, die in ihrem Namen sprechen, sind für eine pauschale Kritik an ›der‹ Globalisierung anfällig – und missbrauchen in manchen Fällen diese Kritik auch als Nebelwand, um von eigenen Fehlern und Versäumnissen abzulenken (siehe die Beispiele bei Landes 1998).

Gerhard Willke hat in einer durchdachten und pointierten Kritik an der Neoliberalismus-Kritik folgende Argumente und Gegenargumente herausdestilliert. Sie lassen sich als Merkpunkte zusammenfassen, um den ökonomistischen Ansatz in der Globalisierungsdebatte zu kennzeichnen – und um gleichzeitig seine Grenzen deutlich zu machen (ausführlich dazu G. Willke 2003).

Tabelle 1: Argumente des ökonomistischen Ansatzes

Argument	Gegenkritik	Bezug zu politischer Steuerung
Ein neoliberaler Ökonomismus setzt den Primat der Ökonomie und vernachlässigt alle anderen Bereiche des Lebens.	(a) Dem Argument fehlt ein Grundverständnis sowohl für die Leistungen wie auch für die Grenzen des Marktes. (b) Auch Marktliberale sehen, dass der Markt seine eigenen Voraussetzungen und Rahmenbedingungen nicht selbst erbringen kann – und dass es Güterklassen gibt, die nicht marktfähig sind.	(a) »Laissez-faire« stimmt mit dem Prinzip der Subsidiarität überein. (b) Legitime Aufgabe politischer Steuerung ist es, Rahmenbedingungen zu setzen, die der Markt nicht selbst leisten kann.
Das Wüten der Marktkonkurrenz zerstört geschützte Sozialräume.	(a) Gerade ordo-liberale Ökonomien trennen zwischen dem Bereich der Wirtschaft und anderen Bereichen, die anderen Gesetzen und Logiken gehorchen. (b) Konkurrenz ist in vielen Feldern ein Mechanismus für Optimierung und Ressourcenschonung – aber nicht in allen.	(a) Die Frage: »Was sind legitime Staatsaufgaben?« muss neu beantwortet werden. (b) Das Prinzip der Subsidiarität muss über den Nationalstaat hinaus auf die globale Ebene ausgedehnt werden.
Neoliberalismus fördert Egoismus und Profitstreben.	(a) Der Marktmechanismus gründet (nach Adam Smith) auf dem Egoismus aller Marktteilnehmer. Profitstreben ist der Energielieferant für den Markt. (b) Die ökonomische Theorie muss deutlicher machen, welche Bereiche, Güter und Probleme *nicht* durch den Marktmechanismus gesteuert werden können.	(a) Aufgabe politischer Steuerung ist es, Spielregeln für legitimen und illegitimen Egoismus, für produktives und für destruktives Profitstreben aufzustellen und durchzusetzen. (b) Die Zivilgesellschaft (nicht primär der Staat!) braucht eine Kultur des Altruismus.

Die Furie der Deregulierung überlässt die Menschen den Marktkräften.	(a) Deregulierung ist eine Reaktion auf Überregulierung. (b) Deregulierung heißt: Zurückdrängen der Allmacht, besser: des Allmachtsanspruchs des Staates. (c) Deregulierung entkoppelt die Politik von Aufgaben, von denen sie nichts versteht und für die sie originär nicht zuständig ist. (d) Deregulierung kann graduell gestuft sein, so das etwa Regulierungsbehörden für Kontextsteuerung zuständig bleiben.	(a) Politische Steuerung heißt im Kern: Eine Balance zwischen notwendiger Regulierung und möglicher Deregulierung zu finden. (b) Deregulierung reduziert politische Steuerung im internationalen und transnationalen Austausch. (c) Deregulierung fördert und fordert alternative Lösungen von Problemen über Vertrag, lex mercatoria, hybrides Recht und neue Konfliktlösungsverfahren und -einrichtungen.

(3) Um die Kritik an der Globalisierung und die Gegenkritik daran einigermaßen einschätzen zu können, ist es nötig, die enge Verbindung zwischen Globalisierung und Entwicklungspolitik, zwischen der globalen Expansion einer kapitalistischen Logik und dem »Nord-Süd-Konflikt«, zwischen der weiteren Entwicklung einer hoch entwickelten und ›reichen‹ Ersten Welt und der weiteren Entwicklung einer wenig entwickelten und ›armen‹ Dritten Welt zu sehen. Diese Verbindung ist nicht nur eng, sondern auch widersprüchlich und in manchen Hinsichten paradox. In der langen Phase des Kalten Krieges war die Entwicklungspolitik eher Mittel zum Zweck der Systemkonkurrenz zwischen »Westen« und »Osten« als ein ernsthafter Versuch des Nordens, den Süden in dem verzweifelten Kampf gegen den destruktiven Teufelskreis aus Armut, Abhängigkeit, Spätfolgen des Kolonialismus, Diktatur, Korruption und Unterentwicklung zu unterstützen.

Mit dem Zusammenbruch des Sozialismus wurde die Lage allerdings nicht entscheidend besser, denn nun trat an die Stelle des Kalten Krieges ein umfassender Kampf um Positionierungen in der globalen Konkurrenz. Die Konkurrenz betrifft nicht nur die ökonomische Seite der Volkswirtschaften, der Wirtschaftsräume und Regionen, der Firmen und der Personen, sondern alle gesellschaftlichen Bereiche von Forschung und Entwicklung über das Erziehungssystem bis zum Tourismus.

Zugleich wird die Erste Welt abhängiger davon, dass die Lage der Entwicklungsländer nicht katastrophal wird. Finanzkrisen, die ganze Länder zahlungsunfähig machen und in ihrer Entwicklung zurückwerfen, wie in den 1990er Jahren die Krisen in Mexiko, Brasilien, Argentinien und vor allem in Südostasien, bergen auch hohe Risiken für die Investoren aus der Ersten Welt. Epidemien und Gesundheitsrisiken, die von irgendeinem Land der Welt ausgehen, von Aids bis zur Vogelgrippe, machen nicht vor nationalen Grenzen halt. Migrationsströme werden unkontrollierbar und eine Deindustrialisierung droht ganzen Regionen der Ersten Welt, die mit Produktionsstandorten in China, Indien, Russland oder Mexiko nicht mehr konkurrenzfähig sind.

Wie wenig die Auswechslung des Grundkonflikts von West/Ost auf Nord/Süd etwas an der Lage der ärmsten Länder geändert hat, zeigen folgende Zahlen der Weltbank aus dem Jahresbericht von 2003: Das Bruttoinlandsprodukt der 20 ärmsten Länder betrug in den Jahren 1960-1962 212 Dollar (in konstanten Preisen von 1995), in den 20 reichsten Ländern 11.417 Dollar. In den Jahren 2000-2002 war dieser Betrag für die ärmsten Länder zwar leicht auf 267 Dollar gestiegen, in den 20 reichsten Ländern aber auf die gewaltige Summe von 32.339 Dollar. Der Weltsozialbericht der Weltbank von 2005 hält fest, dass ein Fünftel der Weltbevölkerung (in der Ersten Welt) rund 80 Prozent der Weltwirtschaftsleistung erbringen, während sich fünf Milliarden Menschen in der Dritten Welt mit 20 Prozent begnügen müssen. Immerhin aber ist die Zahl hungernder Menschen deutlich gesunken, weil vor allem Indien und China Fortschritte in der Bekämpfung absoluter Armut gemacht haben.

Über die Gründe für den unerträglichen Zustand von Unterentwicklung und Ungleichverteilung ist ein heftiger Streit entbrannt, der inzwischen zu einem unentwirrbaren Knäuel verschachtelter Debatten um Unterentwicklung, Entwicklung, Globalisierung, Wirtschaftspolitik, Industriepolitik, Regulierung und Deregulierung zusammengewachsen ist. Kernelement und Stichwort für diesen Streit ist der *Washington Consensus*. John

Williamson prägte 1990 diesen Begriff. Seine Absicht war, einen Minimalkonsens zu beschreiben, zu dem die großen Institutionen für globale Finanzen und Entwicklung in Washington – IMF, Weltbank, U.S. Treasury (Finanzministerium) und Federal Reserve Board (US-Bundesbank) – sich verständigen könnten, um die Grundlinien einer gemeinsamen Entwicklungspolitik gegenüber Lateinamerika zu formulieren. Der »Washington Consensus« hatte also keinen globalen Anspruch, und er intendierte auch keine umfassende Beschreibung aller Faktoren optimaler Entwicklung. Vielmehr war er primär auf den ›Hinterhof‹ der USA bezogen und auf konsensfähige Kriterien beschränkt. Diese Kriterien beschreibt Williamson (2000: 252f.) so: »the set of policy reforms that most of official Washington thought would be good for Latin American countries:

1. Fiscal discipline
2. A redirection of public expenditure priorities toward fields offering both high economic returns and the potential to improve income distribution, such as primary health care, primary education, and infrastructure
3. Tax reform (to lower marginal rates and broaden the tax base)
4. Interest rate liberalization
5. A competitive exchange rate
6. Trade liberalization
7. Liberalization of inflows of foreign direct investment
8. Privatization
9. Deregulation (to abolish barriers to entry and exit)
10. Secure property rights.«

Es fällt nicht schwer, diese Liste von Reformstrategien als »neoliberale« Agenda aufzufassen. Begriffe wie Liberalisierung, Privatisierung und Deregulierung tauchen häufig auf und vermitteln dem oberflächlichen Leser den Eindruck, schon Bescheid zu wissen. In einem kritischen Rückblick nach zehn Jahren beklagt sich Williamson darüber, dass seine Beschreibung des »Washington Consensus« häufig missverstanden und denunziert worden ist. Er diskutiert die einzelnen Elemente sorgfältig und gibt ohne Weiteres zu, dass einige davon nach den Erfahrungen der

1990er Jahre nachgebessert und geschärft werden müssen. Vor allem aber macht er die wichtige Unterscheidung zwischen einem liberal-reformerischen (oder neoliberalen) Ansatz einerseits und einem *markt-fundamentalistischen* Ansatz andererseits.

Williamson wendet sich klar gegen eine markt-fundamentalistische Konzeption von Entwicklung und lehnt die üblichen Beschreibungen des »Washington Consensus« als neoliberal im abwertenden Sinne ab:

»On the contrary, when I coined the term in 1989, the market fundamentalism of Reagan's first term had already been superseded by the return of rational economic policy making, and one could discern which ideas were going to survive and which were not (monetary discipline but not monetarism; tax reform but not tax-slashing; trade liberalization but maybe not complete freedom of capital movements; deregulation of entry and exit barriers but not the suppression of regulations designed to protect the environment)« (ebd.: 255).

Die in der Klammer genannten Unterscheidungen markieren klar die Differenz zwischen »rational economic policy making« auf der einen Seite und einem destruktiven Marktfundamentalismus auf der anderen. Sie zeigen allerdings auch, dass die Radikalisierung eines liberal-reformerischen Ansatzes der Wirtschafts- und Entwicklungspolitik zu einem marktfundamentalistischen Konzept schnell passieren und noch schneller unterstellt werden kann, weil die Stufungen fließend und unmerklich ausfallen können.

Aber genau darauf kommt es für eine brauchbare Fassung des Problems von globaler Governanz an: Die elenden Vereinfachungen einer rein ökonomischen Steuerung – ›der Markt wird's richten und ist für alles zuständig‹ – genau so deutlich zurückzuweisen wie den Unsinn einer rein politischen Steuerung ohne Rücksicht auf die Logik des Marktes: ›die Politik wird's richten und ist zuständig für alles‹. Was Not tut, ist eine neue Balance der Momente eines komplexeren Modells polit-ökonomischer Governanz, das zugrunde legt, dass wirtschaftliche Prozesse notwendig in politische, soziale und kulturelle Bedingungen eingebettet sind, die der Markt selbst nicht schaffen kann und für die der Markt auch keine brauchbare Lösung darstellt. Bevor in

Kapitel II/4 einige Momente eines solchen komplexeren Modells vorgestellt werden, wenden wir uns nun nach der ökonomistischen Einseitigkeit der etatistischen Einseitigkeit zu.

2. Primat des Staates:
der institutionalistische Ansatz
und seine blinden Flecken

Während der ökonomistische Ansatz zu einseitig die Ökonomie in den Vordergrund rückt, ist der institutionalistische (oder auch staatszentrierte oder »etatistische«) Ansatz davon überzeugt, dass nach wie vor die Nationalstaaten die entscheidenden und wichtigsten Akteure des internationalen Systems sind: »States are for the most part exactly what they have always been, the most important actors in the modern international system« (Krasner 2001: 6).

Im Vergleich werden die komplementären Kurzsichtigkeiten beider Ansätze besonders deutlich. Dennoch ist auch dem institutionalistischen Ansatz zunächst zuzugestehen, dass er deutliche Stärken hat: So tritt er dem Überschwang der »Hyperglobalisten« (ein Begriff von David Held) entgegen, die unterschiedslos vom »Ende des Nationalstaates« (Guéhenno 1995) oder vom Ende nationaler Politik schwadronieren (Ohmae 1995). Sicherlich gibt es noch für lange Zeit den Nationalstaat und nationalstaatlich organisierte Politik. Die passendere Frage ist, in welche Richtung und in welchem Ausmaß Globalisierungsprozesse und globale Institutionen die Rolle der Nationalstaaten verändern und welche Bedeutung der nationalen Politik im Konzert einer Mehrebenenpolitik bleibt, wenn sie von der kommunalen bis zur globalen Ebene reicht.

Um einschätzen zu können, welche Rolle dem Nationalstaat bleibt, ist es hilfreich sich klar zu machen, welche Rolle er denn typischerweise in modernen Demokratien spielt. Da die meisten Globalisierungstheoretiker eine solide staatstheoretische Fundierung vermissen lassen, sammeln sich an diesem Punkt viele Ungereimtheiten an.

In all ihrer machtgestützten Souveränität hat die Politik der

Demokratien es *ausschließlich* damit zu tun, die Vorbedingungen der Operationsmöglichkeiten gesellschaftlicher Funktionssysteme zu schaffen und deren negative Externalitäten sozialverträglich abzuarbeiten. Die einzigen Ausnahmen sind die Kollektivgüter des Schutzes gegen äußere und innere Feinde, also Friede und Rechtssicherheit, und die Erhebung von Steuern zur Finanzierung dieser Aufgaben, also Steuerhoheit. Ansonsten aber ist die Politik der Reparaturbetrieb einer hochkomplexen, risikoreichen und in vielen Hinsichten nicht mehr steuerbaren Gesellschaftsmaschinerie, welche von den Operationslogiken funktional differenzierter Teilsysteme getrieben wird. Die hellsichtigste Politik lässt sich deshalb dort beobachten, wo sie nicht nur auf die übliche Bruchquote der Funktionssysteme wartet, sondern voraussieht, dass in die Operationslogik autonomer gesellschaftlicher Funktionssysteme eine selbstzerstörerische Dynamik eingebaut ist, die sich paradoxerweise gerade ihrem Erfolg verdankt. Die Erfindung des Sozialstaates gründet auf einer solchen Hellsichtigkeit. Die heute erforderlich erscheinende grundlegende Revision des Sozialstaates setzt eine vergleichbare Leistung politischer Hellsichtigkeit voraus.

In beiden Fällen ist der Kern des Problems der paradoxe Anspruch moderner Demokratien, unter ihrem Dach die widersprüchlichen Operationslogiken ihrer Teilsysteme als Gesellschaft zu bündeln und dennoch ihren Bürgern und Bürgerinnen als Individuen einen ungeteilten »pursuit of happiness« zu versprechen. Diese Aussicht auf Glück wird nicht von dunklen Mächten und Machenschaften bedroht, sondern von der ganz gewöhnlichen Operationslogik spezialisierter Teilsysteme. Zieht man das Beispiel der Ökonomie heran (aber Ähnliches ließe sich von Erziehung, Kunst, Sport, Wissenschaft oder vom Gesundheitssystem sagen), so erweist sich der Mangel an eingebauten Selbstbegrenzungen als der Ansatzpunkt einer notwendigen korrigierenden oder Rahmen setzenden Rolle der Politik – gerade auch gegenüber der im Prinzip grenzenlosen Dynamik der Ökonomie.

Bei aller Unterschiedlichkeit der Logiken der gesellschaftlichen Funktionssysteme entspringt die Interdependenz von Politik und Ökonomie der Notwendigkeit wechselseitiger Begrenzung – jedenfalls solange die Systeme diese Begrenzung nicht selbst leisten (können). Die Erfindung des Sozialstaates aktivierte eine politische Begrenzung der Ökonomie an dem Punkt, an welchem die Logik der Marktökonomie den Grad normalisierter Zerstörung (etwa in der Form, dass weniger innovative Unternehmen vom Markt verdrängt werden) und den Grad normalisierter negativer Externalitäten (etwa in Form von Arbeitslosigkeit oder Umweltschäden) so weit getrieben hatte, dass die Destruktion nicht durch Kreation – die Schaffung neuer Möglichkeiten – ausbalanciert oder zumindest erträglich gemacht wird (Scharpf 1993). Die Globalisierungsdynamik verschiebt diese eingespielte Balance zwischen Politik und Ökonomie zugunsten höherer Freiheitsgrade der Ökonomie, weil den Firmen und insbesondere den TNCs nun der Weg nach ›draußen‹ offen steht: Sie können damit winken oder drohen, sich einen Standort außerhalb des Einflussbereichs einer bestimmten nationalen Politik zu suchen, die ihnen nicht passt.

Zugleich aber hat diese Veränderung der Balance auch positive Seiten: Sie zwingt die nationalen Politiken dazu, sich strategisch auszurichten, sich im Wettbewerb der Steuerungsregime konkurrenzfähig zu machen, effizienter und effektiver zu werden, insgesamt also Managementkompetenzen und Steuerungsfähigkeiten zu entwickeln, um damit eine neue Qualität des Regierens zu etablieren. Das Kernproblem der Politiksysteme moderner Demokratien ist nicht, dass sie zu viel Macht hätten, sondern eher, dass sie über zu wenig Macht verfügen und daher zum Spielball gesellschaftlicher Kräfte werden, die nur ihre eigenen kurzsichtigen Interessen verfolgen. Der Veränderungsdruck, den die Globalisierung auf die Politiksysteme ausübt, könnte sich demnach als sehr heilsam erweisen und die Rolle der nationalstaatlichen Politik eher stärken als schwächen.

Demgegenüber liegt den Argumenten der Vertreter des etatistischen Ansatzes oft eine deutliche Überschätzung des Staates und ein monolithisches Bild der Politik zugrunde. Beispielhaft gilt dies für Stephen Krasner. Er überschätzt die Rolle des Staates im Kontext der Globalisierungsprozesse im Allgemeinen und unterschätzt gleichzeitig die Bedeutung globaler Institutionen und transnationaler Organisationen: »[T]he claim that intergovernmental organizations have displaced states is wrong. International organizations, whether regional or universal, are created by states because they serve the functional interests of political leaders« (Krasner 2001: 6). Der erste Teil des Arguments ist unzweifelhaft richtig, aber der zweite Teil überzieht die Gegenposition völlig. Obwohl Krasner im Anschluss an dieses Argument zugibt, dass transnationale oder globale Institutionen nach ihrer Gründung ein Eigenleben entwickeln können, bleibt er dabei, dass sie im Interesse der Nationalstaaten operieren: »Rather they are instruments through which national political leaders can enhance their interests« (ebd.: 7).

Diese Argumente sind weder theoretisch noch empirisch plausibel. Einrichtungen wie die WTO oder die Weltbank, aber auch die ILO oder das IOC zeigen immer wieder, dass sie nach kurzer Anlaufzeit ihre eigenen Interessen und Logiken entwickeln und auch gegen die Interessen ihrer Gründungsmitglieder entscheiden können. So hat die WTO etwa in jüngster Zeit im Zucker-Fall für Brasilien, Australien und Thailand und gegen die EU (»EC – Export Subsidies on Sugar«, Brasilien gegen die EU, Klage vom 27. September 2002, Entscheidung am 28. Oktober 2005) entschieden oder im Baumwoll-Fall für Brasilien und gegen die USA (»US – Upland Cotton«, Brasilien gegen die USA, Klage vom 27. September 2002, Appellate Body Report am 3. März 2005). Hinzu kommt, dass sich die politischen Interessenkonstellationen der Nationalstaaten periodisch ändern und die transnationalen Organisationen rasch zu Faktoren und Akteuren komplexer politischer Entscheidungsprozesse werden. Dabei geht es weniger darum, dass sich ein einzelnes Land oder eine Staatengruppe durchsetzt, sondern eher darum, in einem fortlaufenden Prozess gangbare Kompromisse zu finden.

Ein deutliches empirisches Beispiel ist die laufende »Doha-Verhandlungsrunde« der WTO. Sie zieht sich seit der »Doha-Deklaration« vom November 2001 quälend langsam und entscheidungsunfähig dahin und belegt, dass sich die Interessen einzelner Staaten gerade nicht durchsetzen, sondern alles davon abhängt, einen für die gesamte komplexe Konstellation tragbaren Modus Vivendi zu finden.

Die Rolle der Nationalstaaten ist demnach weder dominant

noch irrelevant, sondern je nach Kontext und Dimension der Globalisierung unterschiedlich, vielschichtig, komplex und mitunter auch in sich widersprüchlich. Wichtiger noch ist, dass es keine einseitige Richtung der Beeinflussung gibt – weder von globalen Kontexten zu den Nationalstaaten noch von den Nationalstaaten zu den Einrichtungen globaler Governanz. Das eigentlich Interessante und Neue ist, dass es inzwischen Prozesse zirkulärer Vernetzung und wechselseitiger Beeinflussung gibt, die dazu führen, dass beide Seiten aufeinander reagieren und einander als relevante Akteure und Entscheidungsfaktoren ernst nehmen. Was Robert Keohane bereits in den 1980er Jahren für den Fall von internationalen Regimes treffend »issue density« genannt hat (Keohane 1983: 155), hat sich in vielen Felder globaler Governanz noch verstärkt. Viele grenzüberschreitende Probleme wie Armut, Seuchen, Umweltzerstörung, Kriminalität und Geldwäsche, Migrationsbewegungen etc. lassen sich weder allein von den Nationalstaaten noch ausschließlich von den bislang etablierten Steuerungsinstitutionen lateraler Weltsysteme auch nur einigermaßen adäquat regulieren, sondern nur durch kluge Formen der Verschränkung und Rückkopplung.

Die theoretisch anspruchsvollsten Analysen hierzu hat Saskia Sassen vorgelegt. Sie ist auf der Suche nach einer analytischen Rekonstruktion »of the dynamics of interaction and overlap within each the global and the national and between them«. Sie betrachtet dieses interaktive Kräftefeld als »a spatio-temporal order with considerable internal differentiation and growing mutual imbrication [imbrication = Verschachtelung, Überlagerung]. These internal differences may relate to each other in cumulative, conflictive, neutral or disjunctive modes« (Sassen 1999: 1). Auf Kernpunkte komprimiert, argumentiert Sassen in folgender Weise:

Die Realität des Globalen wird aus zwei Quellen gespeist:

(1) die lokale und institutionelle Einbettung der ökonomischen Globalisierung in den Nationalstaaten; (2) die eigene Spezifität und Verdichtung (»thickness«) des Globalen.

Aus der Überschneidung beider Faktoren entstehen analytische und empirische Grenzgebiete *(analytic borderlands)* mit regulatorischen Brüchen *(regulatory fractures)*. Beispiele dafür sind:

- die informelle Ökonomie in globalen Städten;
- Akteure, die gleichzeitig in überlappenden Arenen des nationalen und des Globalen operieren;
- temporale Verschiedenheit und unterschiedliche Beschleunigungen in unterschiedlichen Arenen und Problemdimensionen als Gegenargument gegen Homogenität.
- Dennoch zwingt das Tempo des globalen Finanzsystems andere Systeme zur (temporalen) Anpassung.
- Daraus entsteht eine Grenzzone *(borderzone)* sich überschneidender, divergenter und doch interagierender Arenen.
- Die Herausbildung privater Autorität *(privatized self-regulation)* ist auch Folge einer globalen Beschleunigung, der die institutionellen staatlichen Ordnungen nicht folgen können.
- Gleichzeitig ist die ökonomische Globalisierung nicht umfassend, sondern strategisch-selektiv.
- Die meisten globalen Prozesse werden in nationalen Kontexten real und material und damit in Teilen abhängig von den nationalen institutionellen Faktoren.
- Zugleich destabilisieren die neuen Zwänge globaler Transaktionen genau diese traditionellen institutionellen Faktoren, die sich entsprechend anpassen müssen.

Damit kommt sie zu dem plausiblen Schluss: »In my reading, the imbrication of global actors and national institutions is far more ambiguous« (Sassen 1999: 10; siehe auch Sassen 2000; Sassen 2002).

3. Primat der Homogenität: zur Perspektive des World-Polity-Ansatzes

Die liberal-demokratische Antwort auf den neo-marxistischen »World-Systems-Ansatz« war bereits in den 1960er Jahren die *Modernisierungstheorie*, die international von Autoren wie Shmuel Eisenstadt, Reinhard Bendix oder Stein Rokkan und in Deutschland etwa von Wolfgang Zapf betrieben wurde. Grundlage der Modernisierungstheorie ist die Überzeugung, dass sich das ›westliche‹ Modell der entwickelten demokratischen Gesellschaften nach und nach zwangsläufig weltweit durchsetzen wird, weil es keine bessere stabile Alternative gibt und sowohl die (damaligen) sozialistischen Gesellschaften wie auch die Entwicklungsländer mit zunehmendem Wohlstand und höherem Bildungsniveau irgendwann den Kurs der westlichen Vorbilder einschlagen würden.

Bevor man diese sicherlich ethnozentrische Perspektive der Naivität bezichtigt, sollte man nicht unterschlagen, dass sich immerhin der erste Teil dieser Erwartung mit dem Jahr 1989 furios und nahezu flächendeckend bewahrheitet hat. Viele der ehemals sozialistischen Länder streben eine Mitgliedschaft in der EU an oder haben sie bereits erreicht. Hier hat sich die Attraktivität des westlichen Modells empirisch in aller Klarheit erwiesen. Dagegen müssen die Erwartungen der Modernisierungstheorie hinsichtlich der Entwicklungsländer als gescheitert gelten. Auch das neue Phänomen eines organisierten fundamentalistischen Terrors, der sich in seiner eigenen Sicht als Kulturkampf versteht, passt nicht in das Weltbild der Modernisierungstheorie und widerspricht den Grundannahmen des Ansatzes.

Dennoch hat die Modernisierungstheorie im *World-Polity-Ansatz* eine Fortsetzung gefunden, die etwa von John Meyer seit den 1970er Jahren beharrlich verfolgt wird (Meyer 2000). Das Erbe der Modernisierungstheorie tritt ebenso der verwandte *Global-Culture-Ansatz* an, der von Robert Robertson vertreten wird. Diese Denkrichtung folgt einer Spur, die von Marx, Weber, Durkheim, Elias und anderen Klassikern der Soziologie gelegt wurde. Sie verweist auf eine Entwicklungsrichtung der Moderne, wonach eine schrittweise Zivilisierung und Modernisierung alle Gesellschaften mit ähnlichen Merkmalen, Kerninstitutionen und Grundstrukturen ausstattet. Dadurch, so die Hypothese, gleichen sich die unterschiedlichen Gesellschaften im Zuge einer laufenden Modernisierung an und bilden nach und nach einen Zusammenhang, der durch Homogenität der Kernelemente gekennzeichnet ist.

Kein Vertreter dieses Ansatzes ist so naiv, eine vollständige Homogenität der Gesellschaften der Gegenwart anzunehmen. Auch Meyer sieht selbstverständlich, dass es regionale, nationale, ethnische oder kulturelle Unterschiede gibt. Und Robertson hat sogar den Begriff der Glokalisierung geprägt, welcher das Zusammenspiel von Globalität und Lokalität deutlich machen soll (Robertson 1998). Dennoch heißt der Untertitel von Meyers Buch über Weltkultur bezeichnenderweise: »Wie die westlichen Prinzipien die Welt durchdringen« (Meyer 2005). Darin drückt sich die Erwartung des World-Polity-Ansatzes aus, dass sich gegenüber den nach wie vor bestehenden Unterschieden am Ende und nachhaltig doch eine globale Homogenität hinsichtlich der Kerneinrichtungen, Handlungsformen und institutionellen Grundlagen moderner Gesellschaften durchsetzen wird.

Aus heutiger Sicht ist es trivial, diesen frühen institutionellen Ansätzen eine gewisse Naivität und eine Verengung des Blickfelds auf den westlichen Modus vorzuwerfen. Bemerkenswert bleibt dann, dass selbst noch die gegenwärtige Konzeption der »world institutions« von John Meyer nahezu ungebrochen diesen Linien folgt. Meyer sieht die Institutionen der Moderne, von Demokratie über Schule und Universität bis zu Kultur und Individualismus, als universal gültig, legitim und attraktiv an. Er erwartet deshalb eine ungebrochene globale Ausbreitung dieser Institutionen und die Entwicklung eines globalen Systems auf der Grundlage dieser Institutionen.

Umgekehrt folgert etwa Stephen Krasner aus einer »statist« (nationalstaatlich) orientierten Perspektive, dass es gerade diese Institutionen sind, die aufgrund ihrer Verankerung in den Nationalstaaten eine Weltgesellschaft verhindern. Nach Krasner sind es nach wie vor die Nationalstaaten, welche die Regeln für Institutionen und nicht-staatliche Akteure setzen. Es sind die Nationalstaaten, welche interne Interessengruppen vor den Auswirkungen internationaler Transaktionen schützen und welche sogar die Regeln für diese internationalen Transaktionsregimes definieren (Krasner 2001).

Wie problematisch es ist, eine Tendenz zu globaler Homogenität anzunehmen, zeigt sich beispielhaft gerade am Begriff und am Feld der Kultur. Unter dem Begriff »Kultur« versammeln sich in hoch entwickelten, funktional differenzierten Gesellschaften mehrere Funktionssysteme, die sehr unterschiedlichen Logiken und Leitwerten folgen: neben dem klassischen Feld der Religion, das in Themen wie Weltanschauung, Ethik, persönliche

Moral und Lebensführung ausfranst, umschließt Kultur auch den weiten Bereich der Kunst, der über die klassischen Künste weit in Design, Mode, Massenmedien, persönliche Ausdrucksformen etc. hineinreicht, sowie den Bereich der Bildung, der Schule, Universitätssystem und Ausbildungssystem umfasst, und schließt sogar noch Teile des Gesundheitssystems ein, soweit damit kulturelle Praktiken der Hygiene oder des Umgangs mit Gesundheit/Krankheit gemeint sind. Will man sich ein pragmatisches Bild davon machen, was heute unter »Kultur« fällt, dann sollte man sich das Aufgabenspektrum einer Kulturministerin eines der Bundesländer oder eines zentralistischen Staates wie Frankreich ansehen.

Sind bereits diese vielfältigen Bereiche von Kultur wenig homogen, so fallen die Unterschiede im globalen Maßstab noch viel drastischer aus. Allerdings ist hier zu differenzieren. Es gibt sehr wohl eine frappierende Ähnlichkeit bestimmter kultureller Einrichtungen auf einer formalen, oberflächlichen oder institutionellen Ebene, während auf einer darunter liegenden inhaltlichen oder materialen Ebene die Unterschiede gewaltig ausfallen. Die Frage ist dann, was zählen soll oder was als gewichtiger anzusehen ist – die Ähnlichkeiten oder die Unterschiede.

So ist unzweifelhaft, dass die Institution ›Schule‹ als Kulturkomponente weltweit Karriere gemacht und eine globale Verbreitung gefunden hat. Es gibt praktisch keinen Flecken Erde mit menschlicher Population mehr, auf dem Kinder nicht zur Schule gehen dürfen oder müssen. Insofern ist es richtig zu behaupten, dass die Institution Schule global verbreitet ist und damit ein Moment kultureller Homogenität auf globaler Ebene ausmacht. Allerdings ist ebenso wenig anzuzweifeln, dass das, was an diesen Schulen tatsächlich passiert, krass unterschiedlich ausfällt: nicht nur hinsichtlich Stoff, Lehrmethoden, Ausstattung, Ausbildung der Lehrer, Qualität des Lernens, Anspruchsniveau etc., sondern auch hinsichtlich der Ziele und Wirkungen von Schule. In totalitären und fundamentalistischen Gesellschaften dienen sie der gnadenlosen Indoktrination, in hoch entwickelten liberalen Gesellschaften der ebenso gnadenlosen Differenzierung der Schüler in Leistungsgruppen und Kompetenzniveaus. In manchen Ländern dienen sie als Ganztagsschulen der Entlastung von

Familien, so dass beispielsweise die Mütter ihrem Beruf nachgehen können. In anderen Ländern, meistens Entwicklungsländern, nimmt die Schulpflicht den Familien die Kinder als billige Arbeitskräfte weg und stellt sich so gegen etablierte Familientraditionen. Viele weitere gewichtige Unterschiede ließen sich mühelos anfügen.

Was damit gezeigt werden soll, ist dies: Ob man aus diesen und vielen weiteren Fällen auf Ähnlichkeit (Homogenität) schließt oder auf Unterschiedlichkeit (Heterogenität), ist nicht eine Frage unbezweifelbarer Wahrheit, sondern eine Frage von Perspektive, Gewichtung und Interpretation. Bemerkenswerterweise gilt ja beides: Zum einen lässt sich eine frappierende Homogenität bestimmter institutioneller Kontexte und Einrichtungen beobachten, etwa die globale Verbreitung von Universitäten, politischen Parteien und Parlamenten (selbst in totalitären Ländern!), Kliniken (selbst in ärmsten Ländern), Unternehmen (selbst in China), formalen Organisationen, Sportvereinen oder Clubs, Managementpraktiken, Nutzung von Massenmedien (MTV), Internet oder Mobiltelefonen, Konsumformen und Massentourismus (»die Kinder von Coca Cola und MacDonald«) etc. (ausführlich dazu Barker 1997; Robertson 2000). Im Einzelnen gehen die Homogenitäten noch viel weiter, etwa was Aussehen und Operationsformen von internationalen Flughäfen, Hotelketten, *shopping malls*, Tourismusanlagen etc. oder die Wirkungen globaler Standardisierung, Qualitätssicherung, Evaluierung und Rechnungslegung betrifft (Power 1994; Sinclair 1999; Sinclair 2001).

Zum anderen gilt gleichzeitig, dass sich hinter all der offensichtlichen Homogenität eine Fülle an Unterschieden verbirgt, die nicht selten auch in offenem Antagonismus, Kulturkampf und Schlimmerem aufbricht. Selbst innerhalb Deutschlands entbrennen Kulturkämpfe um Schulformen – Gesamtschule oder klassisches Gymnasium? –, und nicht zuletzt haben die PISA-Studien europaweit auch die Unterschiede in Ergebnissen und Qualitäten von Schulformen deutlich gemacht. Ein extremeres Beispiel sind Formen und Ideen von Familie. Sicherlich ist ›die Familie‹ eine global gültige Institution, eine universelle Form der Organisierung von Verwandtschaftsbeziehungen der menschlichen Spezies – insofern: Homogenität. Aber lassen sich die Formen von Familie, die eine postmoderne Homo-Ehe in Köln oder New York mit adoptierten Kindern umfasst, wirklich mit einer Idee von Familie vergleichen, die anatolische Väter unter dem Gebot der ›Familienehre‹ dazu bringt, ihre Töchter umbringen zu lassen, wenn sie ›den Falschen‹ heiraten? (Dies sind keine Einzelfälle. Nach dem UN-Weltbevölkerungsbericht werden weltweit jährlich über 5000 Frauen aus Gründen der ›Ehre‹ von Familienangehörigen ermordet.) Ebenso wenig kann man von Homogenität mit Blick auf sardische oder albanische Familien sprechen, die unter dem Gebot der Blutrache über Generationen hinweg andere Menschen ermorden und damit wiederum Morde an eigenen Familienmitgliedern auslösen.

Damit ist der Global-Culture- oder World-Polity-Ansatz nicht widerlegt. Aber es wird deutlich, dass die Frage »Homogenität oder Heterogenität der Weltgesellschaft?« weder besonders klug noch besonders aufschlussreich ist. Interessanter scheint vielmehr zu klären, in welcher Weise Einheit und Diversität, Homogenität und Unterschiedlichkeiten zusammenspielen und in innovativen und riskanten Verschachtelungen widersprüchlicher Momente den Umgang globaler Kontexte mit hoher organisierter Komplexität vor neue Herausforderungen stellen.

4. Primat der Komplexität: die Zumutungen des systemtheoretischen Ansatzes

Als Ausgangspunkt einer Diskussion der Zumutungen des systemtheoretischen Ansatzes für die Problematik der politischen Steuerung in der Wissensgesellschaft dient hier ein früher Aufsatz von Luhmann, der in der Debatte häufig zitiert und noch häufiger missverstanden wird. Luhmann hat den Text mit dem schlichten Titel »Weltgesellschaft« bereits 1971 im Archiv für Rechts- und Sozialphilosophie veröffentlicht (wieder abgedruckt in Luhmann 1975: 51ff.). Der Text behandelt aber *nicht* die Weltgesellschaft und ihre Probleme. Vielmehr konstatiert er, dass sich eine weltweite Interaktion schon konsolidiert habe und weltweite Bewusstseinshorizonte bereits bestehen. Er widmet sich auf dieser Beobachtungsbasis einer ganz anderen Leitfrage: der Frage nämlich, ob und mit welchen Folgen diese weltweite Interaktion eine grundlegende Veränderung des vorherrschenden normativen Erwartungsstils in Richtung auf einen Vorrang des »kognitiven Erwartungsstils« erzwingt: »Lernen oder Nichtlernen – das ist der Unterschied« (ebd.: 55).

Luhmann interessiert sich in diesem Text nur ganz am Rande für die Weltgesellschaft. Stattdessen argumentiert er in der Hauptsache *gegen* das traditionelle soziologische Verständnis der nationalstaatlich organisierten Gesellschaften als geeignete Einheit für einen soziologischen Gesellschaftsbegriff. Auf wenige Punkte komprimiert, argumentiert er,

– dass ein normativer Erwartungsstil bislang dominiert, weil er leichter institutionalisierbar ist als ein kognitiver;
– dass dies historisch zu einer Kombination von Recht und Politik führt, »die gerade in ihrer besonderen Leistungsfähigkeit eine Fehlspezialisierung der Menschheitsentwicklung« sein könnte (ebd.: 57);
– dass deshalb eine Weltgesellschaft auch ohne normative und politische Integration möglich sein müsse;
– dass Weltgesellschaft deshalb nichts anderes bedeute als die Universalisierung kognitiver Erwartungsmuster und einer Lernfähigkeit, die Luhmann (zu dieser Zeit) vor allem in Forschung und Planung verankert sieht.

Außergewöhnlich an diesem Text ist nach meiner Einschätzung nicht der Blick auf die Weltgesellschaft, sondern die Hypothese, dass die moderne, nationalstaatliche Kombination von Recht und Politik eine *Fehlspezialisierung* der Gesellschaftsgeschichte darstellen könnte. Damit ist tatsächlich eine Perspektive auf Globalisierung und globale Kontexte eröffnet, die aus den engen Bindungen des Nationalstaates und dem engen Denken der Etatisten herausführen könnte.

Viel später und unter veränderten theoretischen Prämissen fasst Luhmann den Gesellschaftsbegriff als das Ensemble aller füreinander erreichbarer Kommunikationen. Damit ist heute mögliche Gesellschaft für ihn zwingend Weltgesellschaft, weil in der Tat Kommunikationen heute weltweit füreinander erreichbar sind (Luhmann 1997: 78ff.). Diese rein definitorische Lösung des Problems des Begriffs der Weltgesellschaft erscheint aus mehreren Gründen als unzureichend. Im Kern beschreibt Luhmanns Begriff »das Soziale« insgesamt und undifferenziert, nicht aber das Spezifische der Gesellschaft als Ordnungsform im Medium des Sozialen (ausführlich zur Kritik Willke 2000).

Von Weltgesellschaft lässt sich in einem soziologisch gehaltvollen Sinn erst dann reden, wenn sie als Form von *Gesellschaft* begründet ist. Dazu reicht weder aus, dass sie aus allen Kommunikationen oder allen Individuen der Welt besteht – das wäre die Gesamtheit des Sozialen –, noch dass sie über globale Institutionen verfügt – das wäre eine Begründung für erfolgreiche Globalisierungsprozesse –, noch dass sie eine Realität jenseits der Realität der Nationalstaaten darstellt – das wäre eine Begründung für transnationale oder globale Kontexte.

Demgegenüber ist der Ausgangspunkt dieses Buches die These, dass Weltgesellschaft sich als spezifische Organisierungsform des Sozialen erst dann formt, wenn ein kommunikativ konstituierter globaler Kontext die Fähigkeit der Selbststeuerung ausbildet. Dies meint, dass die Weltgesellschaft in der Lage sein müsste, ihre *Ordnungsform* als Balance notwendiger Ordnung und möglicher Unordnung selber zu bestimmen. Sie muss fähig sein, eine entsprechende Balance zwischen Homogenität und Heterogenität zu stabilisieren und mithin steuernd in den naturwüchsig ablaufenden evolutionären Prozess einzugreifen.

Solange das, was in einem Diskurs als Weltgesellschaft bezeichnet wird, nichts anderes ist als eine Ansammlung von Individuen, Nationalstaaten, spezifischen Institutionen der Moderne oder was immer, ist die Rede sicherlich zu Recht von einem sozialen Kontext, zu Unrecht aber von einer Gesellschaft. Für nationalstaatlich organisierte Gesellschaften erscheint dies als selbstverständlich. Sie haben sich mit dem politischen System eine Instanz der Selbststeuerung gegeben, die ganz offensichtlich mit Gesetzen, Programmen, Maßnahmen etc. in den naturwüchsigen Lauf der Dinge eingreift, um *bestimmte* Ziele zu erreichen.

Die Politik der modernen Gesellschaft hat sich allerdings

selbst dadurch in eine tiefe Verwirrung gestürzt, dass sie in ihrer primären Steuerungsaufgabe der Ordnungsbildung so erfolgreich war, dass sie mit dem nun relevanteren Problem der Unordnung nicht umzugehen weiß. Die Grundfrage der Soziologie – ›Wie ist soziale Ordnung möglich?‹ – hat Thomas Hobbes für die Gesellschaft der frühen Moderne mit der Metapher des Leviathan beantwortet. Auf dem Hintergrund der religiösen Bürgerkriege und der Selbstzerstörung der alten Ordnung lag es nahe, nach einem neuen Ordnungsprinzip für eine Gesellschaft zu suchen, die zwar noch nicht so weit war, die Religion als primäre Ordnungsform zu überwinden, die aber aus dem Dilemma der Unentscheidbarkeit unterschiedlicher Religionen den Schluss ziehen musste, dass sie nun auf andere Weise mit ihrer eigenen Diversität umgehen sollte. Die Entzauberung der Religion durch Diversität brachte Hobbes nicht auf die Idee, nach Formen der Erhaltung und Aufhebung von Diversität zu suchen. Vielmehr scheint der Eindruck der Bedrohung von Ordnung als solcher durch Diversität so überwältigend gewesen zu sein, dass das Hobbes'sche Ordnungsprinzip wiederum nur Einheit sein konnte, die Übertragung aller Einzelwillen auf die absolute Regierungsgewalt des Leviathan: *e pluribus unum*.

Dieser Ausgangspunkt zeigt, wie weit der Weg noch sein würde bis zu einer Gesellschaft, die in der Lage wäre, der Hypothese von »Kontingenz als Eigenwert« ihrer selbst (Luhmann 1992: 93ff.) ins Auge zu sehen. Parsons hatte (in seiner eigenen Begrifflichkeit von Kontingenz) doppelte Kontingenz als erneute Grundlegung des Hobbes'schen Problems vorgeschlagen, aber das forcierte Dilemma von Kontingenz ebenfalls in Richtung einer Ordnung durch Einschränkung aufgelöst. In der Zwischenzeit spielen in den naturwissenschaftlich geprägten Komplexitätswissenschaften auch gewagtere Ordnungsvorstellungen eine Rolle, welche von den Sozialwissenschaften eher zögerlich wahrgenommen und aufgegriffen werden: Ordnung durch Fluktuationen (Prigogine), Ordnung durch Irritationen (›noise‹, Heinz von Foerster) oder Ordnung durch spontane Selbstorganisation bezeichnen explorative Hypothesen, die nach und nach auch auf ihren Wert für Modelle sozialer Ordnungsbildung geprüft werden.

Auf diesem Hintergrund lässt sich heute sehen, dass unter Bedingungen gesellschaftlicher Hyperkomplexität das Ordnungsproblem nicht mehr durch Einheit oder Konsistenz zu lösen ist, sondern nur noch mit der Fähigkeit politischer Steuerungsinstanzen, mit organisierter Komplexität und verschachtelten Mischungslagen von Ordnung und Unordnung, Homogenität und Heterogenität umzugehen. Für die UNO überrascht das niemanden mehr. Sie muss so viel Unterschiedlichkeit verkraften, dass es ihre Handlungsfähigkeit in Frage stellt. Die Europäische Union stellt sich angesichts vieler unterschiedlicher Aufnahmekandidaten gerade von der Idee der Einheit auf ein Modell der Diversität um. Sie muss daraufhin Verfahren und Institutionen für den Umgang mit Varietät und Inkonsistenz entwickeln. Für die Ebene nationalstaatlich organisierter Gesellschaften dagegen scheint es erhebliche Schwierigkeiten zu machen, sich von einer Ordnung durch Einheit auf eine Ordnung durch Diversität und Heterogenität umzustellen.

Mit der Säkularisierung der Gesellschaften übernehmen politische Herrschaft und bestimmte Steuerungsformen der Politik diese Sicherung einer Ordnung. Die Politik organisiert die Abstimmung der unterschiedlichen Ordnungsideen und -modelle der Bürger. Mit der Positivierung des Rechts wird daraus die politische Regierung einer Gesellschaft. Die Regierung hat nicht für Ordnung zu sorgen, das müssen die Bürger schon selbst tun. Aber sie hat eine Ordnung dieser divergierenden und häufig widersprüchlichen Ordnungen hervorzubringen und dazu Regeln der Kontingenzkontrolle und der Konfliktbewältigung durchzusetzen – insbesondere wenn die Ordnungsideen religiös oder moralisch begründet sind. Die Hauptlinien von ›Regieren‹ als reflexiver Ordnungsbildung der Politik verschieben sich im Laufe der Gesellschaftsgeschichte der Moderne von Problemen der Machtkontrolle (Nationalstaat) zu Problemen der Armutskontrolle (Sozialstaat), bis sich heute ein Problem in den Vordergrund schiebt, das als gesellschaftlicher Umgang mit Nichtwissen bezeichnet werden kann (Wissensgesellschaft).

Immer aber geht es darum, unter Bedingungen hoher Kontingenz eine Ordnung von Diversität zu stabilisieren, die auf Einschränkung und Selbstbindung gründet (etwa Einschränkung von Mächtigen, Selbstbindung von Eigentümern, Tolerieren von Ignoranten), und die deshalb *unwahrscheinlich* ist. Die Unwahrscheinlichkeit gelingender Ordnung und funktionierender Regierung bleibt damit Merkmal einer Gesellschaft, die nicht hoffen kann, je eines dieser Grundprobleme wirklich lösen zu können. Dies gilt umso mehr für globale Kontexte.

Auch auf der Ebene von (nach wie vor primär nationalstaatlich organisierten) Gesellschaften bedeutet die zunehmende Komplexität und Unübersichtlichkeit gesellschaftlicher Verhältnisse eine Herausforderung für die Ordnungsmodelle und Governanzregime der Politik. Noch beschränken sich viele Reaktionen der politischen Steuerung auf eine Rhetorik von Floskeln über Zukunftsfähigkeit und sozietalem Lernen. Die bemerkenswerte Langmut von Gesellschaften gegenüber den oft unzureichenden Leistungen des Regierens gerät von zwei Seiten her unter Druck. Auf der einen Seite zwingen massive Prozesse der Globalisierung – strukturelle Globalisierung (Chase-Dunn/Kawano/Brewer 2000), infrastrukturelle Globalisierung (Willke 2001a: Kap. 3), suprastrukturelle Globalisierung (Castells 2000a) – die Nationalgesellschaften auf einen gut beobachtbaren und stark beachteten Laufsteg, auf dem sie ihre komparativen Stärken und Schwächen gerade auch ihrer Ordnungsmodelle und Regulierungsregimes schonungslos vorzuweisen haben. Die Debatten um Ausbildungssysteme und PISA-Studien, Steuersysteme und Steuersätze, Standortqualitäten, Regulierung der Arbeit etc. bis hin zu Debatten um Freizügigkeit, Green Cards, Foreign Direct Investments, den Kosten für Ortsgespräche oder für Flat Rates für Internetanschlüsse etc. geben einen Vorgeschmack auf kommende Konkurrenzen.

Vielleicht noch folgenreicher ist die Ausbildung lateraler Weltsysteme (ausführlich dazu Willke 2001a: Kap. 3.3). Dies meint, dass die großen Funktionssysteme moderner nationalstaatlich organisierter Gesellschaften (insbesondere Ökonomie, Finanzen, Wissenschaft, Massenmedien, Erziehung, Gesundheit etc.) aus den territorialen Bindungen des Nationalstaates ausbrechen und sich zu globalen Kontexten vernetzen. Ihre jeweilige Eigendynamik und Selbstreferenz prägt ihre Operationsweise nachhaltiger als die (bisherige) Anbindung an die ›Muttergesellschaften‹. Sie orientieren sich weg von den Rücksichten auf ihre Muttersysteme und hin zu einer zyklopischen Einäugigkeit operativ geschlossener Optimierung ihrer je eigenen Logik. Die Folgen sind globale Konkurrenz, Outsourcing, De-Industrialisierung der Ersten Welt, Deregulierung, Privatisierung und insgesamt eine klare Schwächung der Steuerungsfähigkeit staatlicher Akteure und Instanzen.

Die Logik der lateralen Weltsysteme ist paradigmatisch verkörpert in der Operationsform der jeweiligen Kommunikationsmedien der Funktionssysteme – Geld für die Ökonomie, Kapital für das Finanzsystem, Wissen für das Wissenssystem, Kompetenzen für das Erziehungssystem, Macht für die Politik etc. Entscheidend ist nun, dass die Kommunikationsmedien als Steigerungsformen der Sprache *Symbolsysteme* darstellen (Willke 2005). Als Symbolsysteme formen sie symbolisch konstituierte Ordnungen – die Ordnung des Geldes, die Ordnung des Wissens, die Ordnung des Rechts etc. –, die sich nicht mehr ohne Weiteres den Ordnungsmodellen der Politik fügen. Diese Entwicklung wird für die Politik dann brisant, wenn mit der Ausbildung der Wissensgesellschaft die Logik des Wissens einen Dominanzanspruch anmeldet, den bislang ganz selbstverständlich die Politik mit ihrer Logik der Macht für sich beansprucht hat.

Die steuerungstheoretische Problematik der Weltgesellschaft liegt darin, dass die bislang nationalstaatlich verfassten Gesellschaften durch die Herauslösung bestimmter Funktionssysteme – wie etwa Ökonomie, Finanzsystem, Wissenschaft oder Kunst – aus dem Kontext territorialer Einbindung und gesellschaftlicher Selbststeuerung in ihren Fundamenten erschüttert werden, während neue Formen der Restabilisierung noch nicht erkennbar sind. Insbesondere leistet der entstehende globale Kontext diese Restabilisierung noch nicht, weil auch nicht ansatzweise Kapazitäten der globalen Selbststeuerung institutionalisiert sind. Damit ist es nach der hier zugrunde gelegten Begrifflichkeit bislang zu voreilig, von einer Weltgesellschaft zu sprechen. Beobachtbar ist allerdings, dass sich die lateraler Weltsysteme – etwa für Wirtschaft, Finanzen, Wissen, Medien, Kunst, Sport etc. – aus den Begrenzungen der Nationalstaaten herauslösen und dadurch globale Kontexte hoch spezifischer Kommunikation bilden. Sie konsolidieren sich durch Instanzen der Selbststeuerung, auch wenn diese (noch) nicht umfassend ausgebildet sind und insofern noch nicht die Qualität von »Gesellschaft« erreichen.

In einer systemtheoretischen Sichtweise lässt sich demnach noch nicht von einer Weltgesellschaft in einem strengen Sinne reden, wohl aber von funktional ausdifferenzierten globalen Kontexten, die ich laterale Weltsysteme nennen möchte. Laterale Weltsysteme wie die Weltwirtschaft, das globale Finanzsystem, Sportsystem, Mediensystem, Forschungssystem, die globale Popkultur, globaler Tourismus und Logistik, globale Infrastrukturen oder das globale Gesundheitssystem sind dadurch gekennzeichnet, dass sie zwar, gesellschaftsgeschichtlich gesehen, im Rahmen und im Schutz des Nationalstaates ›groß geworden‹ sind, also sich in dem von Max Weber beschriebenen Prozess der »okzidentalen Rationalisierung« als funktionsspezifische Teile der modernen Gesellschaft herausgebildet haben. Aber sie sind von ihrer je eigenen Logik her nicht an den Nationalstaat gebunden. Anstatt sich in den Rahmen der Nationalstaaten einzupassen, könnten die Funktionssysteme noch stärker auf Selbststeuerung setzen, als sie dies bislang schon tun. Anstatt ihre Rahmenbedingungen von einer nationalstaatlich organisierten Politik zu beziehen, könnten sie einen Großteil dieser Kontextparameter in wechselseitiger Abstimmung selbst schaffen und sich dadurch aus der Vormundschaft der Politik emanzipieren.

Dies gilt umso mehr, als die Funktionssysteme bereits weit aus dem Schatten der Politik herausgetreten sind. Sie haben eigene Kompetenzen entwickelt und vertreten eigene Interessen. Sie verstehen ihr eigenes Geschäft besser als die Politik, und sie zeigen sich zunehmend unwillig, die Interventionen und Steuerungsversuche der Politik zu akzeptieren und umzusetzen. Bereits seit den 1970er Jahren wird dies unter den Stichworten der Implementationsprobleme (Mayntz 1987; Wildavsky 1973) und der Grenzen des Regierens (Dahl 1999; Strange 1995) thematisiert. Mit der Globalisierung kommt hinzu, dass die Funktionssysteme ins Globale ausweichen und sich somit gezielt dem Einfluss und dem Zugriff nationalstaatlicher Politik entziehen können.

Bemerkenswerterweise haben alle lateralen Weltsysteme Institutionen der Selbststeuerung ausgebildet. Einige, wie die WTO für das Welthandelssystem oder die WHO für das Weltgesundheitssystem, sind von den Nationalstaaten selbst als internationale oder transnationale Einrichtungen gegründet worden. Andere, wie die BIZ für das globale Finanzsystem oder das ICRC für soziale Hilfe und Katastrophenhilfe sind gewissermaßen als Selbsthilfe- und Selbstbehauptungseinrichtungen der lateralen Weltsysteme organisiert worden (vgl. Abb. 3).

Abbildung 3: Wichtige laterale Weltsysteme
und ihre Einrichtungen der Selbststeuerung

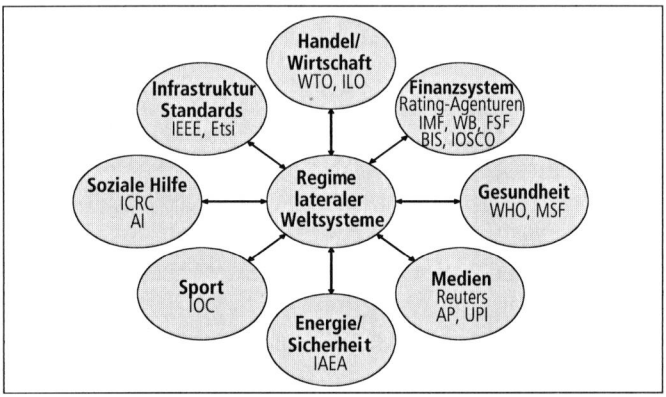

Die Verhältnisse wären einfacher, wenn es ›die‹ Weltgesellschaft bereits unzweifelhaft gäbe oder wenn die herkömmlichen Nationalstaaten unzweifelhaft nach wie vor das Sagen hätten. Die lateralen Weltsysteme komplizieren das Bild und die erforderlichen Modelle und Theorien. Sie sind empirisch gesehen der Kern der Schwierigkeiten, globale Governanz einfach als Problem der politischen Steuerung der Weltgesellschaft zu verstehen. Denn im Gegensatz zur Politik, die es noch nicht zu einer genuinen Weltpolitik (im Sinne einer Politik im Weltmaßstab) gebracht hat, sind viele lateralen Weltsysteme erheblich fortgeschritten darin, eigene Steuerungskompetenzen aufzubauen und ihre Selbstorganisation mit eigenen Mitteln, Methoden und Modellen voranzutreiben. Im folgenden Kapitel sollen einige Modelle der Systemsteuerung skizziert werden, die den unterschiedlichen Formen und Einrichtungen globaler Governanz zugrunde liegen. Dies schafft die Voraussetzungen dafür, die Institutionen der Selbststeuerung der lateralen Weltsysteme kritisch betrachten zu können.

In diesem Kapitel sind nur einige wenige der Theorien globaler Governanz beispielhaft erörtert worden. Hauptkriterien der Auswahl sind zum einen die Positionierung der Theorien im Spannungsfeld ›Wirtschaft – Politik‹, zum anderen ihre Positionierung im Spannungsfeld ›Homogenität – Heterogenität‹. Andere Auswahlkriterien und viele weitere Differenzierungskriterien ließen sich mühelos finden (siehe zu anderen Auswahlkriterien und zu knappen Charakterisierungen der verschiedenen Ansätze auch Dürrschmidt 2000: 47ff.). Stattdessen soll in der folgenden Grafik ein grober Überblick über Theorien und Konzeptionen der Globalisierung gegeben werden. Die Zusammenfassung der unterschiedlichsten Ansätze zur Ausbildung weltgesellschaftlicher Kontexte in den beiden Abbildungen 2 und 4 soll weniger eine präzise Platzierung leisten als die Vielfalt der Kriterien und Dimensionen belegen, die Autoren des weltgesellschaftlichen Diskurses ihren Konstruktionen zugrunde legen.

Abbildung 4: Systematisierung der Konzeptionen von Globalisierung

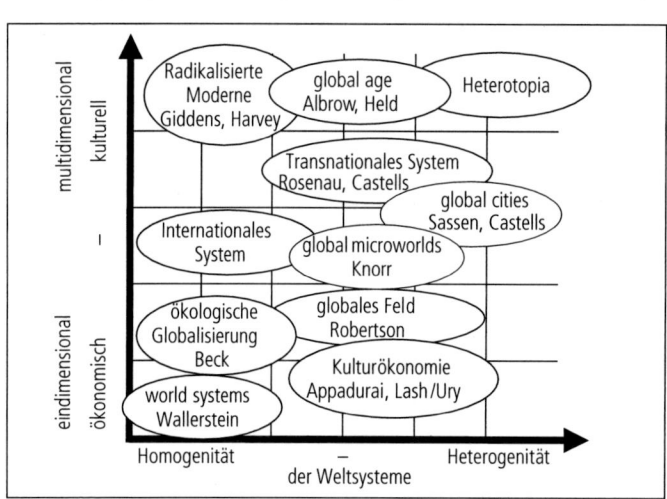

Es sollte nicht überraschen, dass nach mehreren Jahrzehnten der Auseinandersetzung in vielen Disziplinen, von der Anthropologie über Politikwissenschaft, Ökonomik oder Soziologie bis zur Philosophie, eine Vielzahl von Theorien und Modellen globaler Governanz um Aufmerksamkeit, Kunden und Einfluss wetteifern. Auch in diesem Kapitel kann es nicht darum gehen, diese Konzeptionen umfassend darzustellen. Vielmehr steht im Vordergrund, die divergierenden Steuerungsmodelle herauszuschälen, die den unterschiedlichsten Konzeptionen zugrunde liegen.

Dabei stellt sich heraus, dass sich die verwendeten Steuerungsmodelle danach ordnen lassen, welchem Funktionssystem moderner Gesellschaft eine Führungsrolle bei der Ausrichtung und Gestaltung der Globalisierungsprozesse zugeschrieben oder zugestanden wird. In Frage kommen dabei die üblichen Verdächtigen, nämlich Ökonomie und Politik, aber mit zunehmenden Gewicht auch die Funktionssysteme sozialer Solidarität (vor allem NGOs und soziale Bewegungen) und das Wissenschaftssystem. Allerdings werde ich – wenig überraschend – am Ende aus systemtheoretischer Sicht begründen, dass keines dieser vier Steuerungsmodelle der Komplexität, den Anforderungen und den Risiken globaler Governanz gewachsen ist.

1. Der globale Markt als Steuerungsmodell

Das Marktmodell ist das Standardmodell für die selbstorganisierende Regulierung einer Menge von Interaktions- und Transaktionsbeziehungen. Das Modell hat vier wesentliche Komponenten:

– Es ist frei von externen Vorgaben für eine bestimmte Leistung oder Entwicklungsrichtung des Ganzen (des Marktes). Selbstorganisierende Regulierung meint Selbststeuerung. Der Markt steuert sich selbst, benötigt also keine externen Instanzen der Steuerung. Er funktioniert, »ohne dass jemand das Sagen hat« (Friedman 2001: 37).

- Die Marktteilnehmer als Elemente des Marktes beobachten sich zwar wechselseitig, sie verfolgen aber in den Marktbeziehungen ihr eigenen Interessen. Sie handeln berechtigterweise egoistisch, der Markt setzt keinen Altruismus voraus.

- Aus der wechselseitigen Beobachtung und der wechselseitigen Unterstellung, dass alle Marktteilnehmer rational egoistisch handeln, aber über Vertragsbeziehungen nur freiwillig in Austausche eintreten, resultieren die wichtigsten Gesamteigenschaften des Marktes: Optimierung der Austauscheffizienz und damit eine Wohlfahrtsschöpfung, die Adam Smith dem Wirken der »unsichtbaren Hand« zuschreibt.

- Als sozialer Prozess findet ein Markt nicht im luftleeren Raum statt, sondern er ist in weitere soziale Kontexte eingebunden (»eingebettet«), hängt also von einem gesellschaftlichen Umfeld ab, welches die Rahmenbedingungen für die Möglichkeit von Markt bereitstellt (Granovetter 1992). In modernen Gesellschaften sind es vor allem die Politik und das Rechtssystem, welche mit Gewaltmonopol, Rechtssicherheit, Vertragsfreiheit, Eigentumsgarantie und sozialen Schutzrechten die Voraussetzungen dafür schaffen, dass der Markt nach seinen eigenen Regeln funktionieren kann.

Wenn der Markt in dieser Weise funktioniert, dann gilt nach Ansicht von Ökonomen das »Arrow-Theorem«. Es postuliert, dass unter den genannten Bedingungen der Markt als Steuerungsmodell ein Pareto-Optimum der Allokation von Ressourcen herstellt (Ledyard 1989: 185). (Der Begriff Pareto-Optimum wird im folgenden Zitat von Rosalind Levacic erklärt: Niemand wird in einem Austausch schlechter gestellt und wenigstens einer hat einen Vorteil.)

Man muss sich vor Augen halten, dass dies eine erstaunliche Leistung ist. Der Markt als Steuerungsmodell realisiert ein Ziel, dass niemand vorgibt und das die einzelnen Marktteilnehmer gerade nicht selbst verfolgen (sie verfolgen ihre egoistischen Eigeninteressen), das ihnen aber insgesamt nützt, weil sie alle etwas davon haben, nämlich einen gemeinsamen Wohlfahrtsgewinn durch eine optimale Nutzung und Verteilung der vorhandenen Ressourcen:

»The market serves to bring together buyers and sellers to enable them to engage in mutually advantageous exchanges. Given that individuals undertake exchange voluntarily, it is presumed that they must thereby be no worse off and that at least one party to the exchange is better off as a result. [...] The competitive market is advocated because it is held to promote efficiency in resource allocation and the liberty of the individual citizen« (Levacic 1993: 35f.).

In soziologischer Sicht ist der »moderne Markt« ein abgeleitetes Phänomen. Der auf der Kunstfigur des »homo oeconomicus« aufbauende Markt, in dem isolierte Individuen nach rationalen Kalkülen private Güter tauschen, setzt die Transformation der traditionalen Gemeinschaft zur modernen, funktional differenzierten Gesellschaft voraus. Er ist Bedingung der Befreiung des ökonomischen Kalküls von den Bindungen der Familie, der Freundschaft, der Moral, der Religion oder der Herrschaft. An die Stelle dieser traditionalen Bindungen treten allerdings andere Bindungen, die überhaupt erst die Stabilität des Marktes garantieren. Es sind dies Durkheims berühmte »nicht-kontraktuellen Teile des Kontrakts«, also die institutionellen Rahmenregelungen, welche erst den Freiraum für eine so unwahrscheinliche Konstruktion wie die des freien Marktes schaffen: im Kern eine moderne freiheitliche politische Ordnung und ein diese Freiheiten prozessual abstützendes modernes Rechtssystem. Besonders deutlich hat Mark Granovetter herausgearbeitet, dass auch noch moderne Märkte in diesem Sinne in die Institutionen der sie tragenden Gesellschaften eingebettet sind (1992).

Auch Ökonomen geben ohne Weiteres zu, dass ein preisgesteuerter Markt nicht funktionieren kann ohne eine Fülle von Rahmenregelungen, die kollektiv verbindlich gelten müssen, also in einer modernen Gesellschaft nur von der Politik bereitgestellt werden können: Rechtssicherheit, Vertragsfreiheit, Eigentumsrechte, Rechtsdurchsetzungsgarantien, Selbstbeschränkung politischer Macht etc. Innerhalb dieser Einbettung erweisen Märkte ihre besondere Leistungsfähigkeit darin, unter der (keineswegs selbstverständlichen) Voraussetzung des freien Marktzugangs und des freien Austritts, über den Preismechanismus eine extrem schnelle und extrem kostengünstige Koordination zwischen Angeboten und Nachfragen zu bewerkstelligen.

Schnell ist die Koordination, weil sie einerseits in ›Echtzeit‹ erfolgt: Anbieter und Nachfrager müssen im Prinzip nicht mehr lange über den angemessenen Preis verhandeln, sondern können auf kontinuierliche, mitlaufende Beobachtungen des Marktgeschehens zurückgreifen und daraus ›auf der Stelle‹ den situativ angemessenen Preis errechnen. In den meisten Fällen ist sogar nicht einmal dies erforderlich, weil kontinuierlich angepasste Marktpreise feststehen, also überhaupt nicht mehr verhandelt werden. Zum anderen ist die Koordination schnell, weil das Transaktionsgeschehen kurzfristig orientiert ist: Idealtypisch gelten die Bedingungen der je gegebenen Situation. Die Zukunft wird ausgeklammert oder diskontiert. (Dies lässt sich gut im Vergleich zu Vertragstypen sehen, bei denen die Zukunft eine bedeutende Rolle spielt, etwa Arbeits- oder Eheverträge.)

Dass der moderne Markt im Vergleich zu früheren Formen wie Palavern, Ringtausch oder Basaren massive Zeitersparnisse und Tempovorteile ermöglicht, ist unbestritten. Schwieriger ist die Frage der Kostengünstigkeit. Zwar zweifelt kaum jemand daran, dass moderne Warenmärkte eine besonders kosteneffiziente Form der Koordination von Angebot und Nachfrage ist – sonst hätte sich diese Form nicht weltweit durchgesetzt und auch noch die machtgestütze Konkurrenz zentral verwalteter sozialistischer Quasi-Märkte aus dem Rennen geworfen. Auch zweifelt kaum jemand daran, dass es für ›einfache‹ Güter und ›einfache‹ Beziehungen zwischen Anbieter und Nachfragern keine effizientere Form als die des modernen Marktes gibt:

»Die neoklassische Markttheorie kann zeigen, dass die Entscheidungen und Handlungen der Marktteilnehmer durch den Preismechanismus und durch Konkurrenz hinreichend effizient koordiniert werden – zum Nutzen der Beteiligten und zum Vorteil der Gesellschaft insgesamt. Dass diese Koordinationsform auch ihre Kostenseite hat, wird niemand bestreiten. Nur: Es kommt auf den Saldo an« (G. Willke 2003: 35).

Die Zweifel an der Kostengünstigkeit des Marktes beginnen dort, wo ökonomische Transaktionen den Rahmen einfacher, freier, kurzfristiger, direkter und insofern für alle Beteiligten gut überschaubarer Beziehungen zwischen Anbietern und Nachfragern sprengen. Der Markt selbst war eine geniale Erfindung zur Reduktion der Komplexität sozialer Austauschbeziehungen auf »rational choice«. Aber offensichtlich lässt die gesellschaftliche Evolution einen solchen, durch Reduktion eroberten Freiraum nicht lange unbesetzt. Er dient nur als Treibhaus für den Aufbau neuer Komplexität. Je stärker Marktbeziehungen nun ihrerseits dem Moloch *Komplexität* wieder anheim fallen, je komplexer die Produkte, Produktionsformen, Austauschbeziehungen, Zeithorizonte und Kosten-Nutzen-Kalküle von Anbietern und Nachfragern werden, desto problematischer wird die Annahme, dass der Markt kostengünstig ist, weil er praktisch ohne Transaktionskosten (ohne Verzögerung und ohne besondere Koordinationsanstrengung) funktioniert. »Invisible time« und »invisible hand« als konstituierende Merkmale des idealen Marktes konnten gegenüber der Herausforderung durch Komplexität nicht bestehen.

Trotz seiner unbestreitbaren Leistungen für Zivilisierung, Modernität und Wohlfahrtsschöpfung ganzer Gesellschaften und für die Autonomie der Bürger sind es gerade der Markt und das Marktmodell, die ins Visier der Globalisierungsgegner aller Art und Ausrichtung geraten sind. Das kommt nicht von ungefähr und die Marktkritik ist auch keine Erfindung der Globalisierungsgegner. Die berechtigte Kritik am Markt als Steuerungsmodell bezieht sich auf die Grenzen des Marktes und seiner Leistungen. Sie bezieht sich weiter auf einen »Imperialismus« des Marktes, wenn er sich auf Güter und Felder ausdehnt, für die er weder gedacht noch geeignet ist. Und sie bezieht sich auf die vielfältigen Formen von Marktversagen (»market failure«), wenn die idealtypischen Voraussetzungen und Bedingungen nicht gegeben sind, die das Marktmodell als Modellannahmen mit sich führt.

Diese Bedingungen der Möglichkeit von Markt betreffen vor allem die Marktteilnehmer (sie müssen Wahloptionen und etwas anzubieten haben), auf Güter (nur marktfähige Güter oder Güter, für die ein Preis gilt), für den Zeithorizont des Marktes (er ist gut geeignet für kurzfristige Relationen, weniger für langfristige Verpflichtungsbeziehungen) und auf die Strukturen des Marktes (z.B. Verhinderung von Monopolen). Es liegt auf der Hand, dass diese Voraussetzungen nicht überall gegeben sind – und schon gar nicht überall im globalen Maßstab. Auch in den Markt- und Handelsbeziehungen zwischen den Nationalstaaten, zwischen Weltregionen oder zwischen »Nord« und »Süd« spielen Ungleichgewichte und Marktverzerrungen eine wichtige Rolle. Dem gelten die Anstrengungen von globalen Institutionen wie WTO oder IMF, durch Verträge und Institutionen genau in dieser Hinsicht einen fairen oder zumindest brauchbaren Interessenausgleich zu schaffen (ausführlicher dazu Kapitel IV/1).

Das Elend der Marktkritik beginnt dort, wo die Kritiker – einschließlich der Globalisierungsgegner, die sich dieser Art von Marktkritik bedienen – die Voraussetzungen und Grenzen des Markmodells nicht verstanden haben oder nicht verstehen wollen (ausführlich dazu G. Willke 2003: 147ff. und der Überblick bei Donges/Menzel/Paulus 2003). Dabei gibt es keine ernsthaften Alternativen zum Markt als Grundmodell der Steuerung weltweiter Transaktionsbeziehungen, die Milliarden von Menschen und Organisationen, Unmengen von Gütern, Teilmärkten, Interessen, Präferenzen etc. umfassen. Das sozialistische Gegenmodell hat mit unermesslichen Verlusten abgedankt; selbst China hält nicht mehr am sozialistischen Modell der Ökonomie fest. Das kommunitaristische Gegenmodell gründet im besten Fall auf einer romantischen Verirrung (Etzioni 1997; Etzioni 2004) und im schlimmsten Fall auf einem die Autonomie des Individuums verachtenden moralischen Absolutismus.

So bleibt als Kern der berechtigten Kritik am Marktmodell der Anspruch, auf der einen Seite die Stärken des Marktes zu verstehen und zu würdigen, zugleich aber auf der anderen Seite sehr genau zu prüfen, inwieweit die notwendigen Voraussetzungen für ein Funktionieren des Marktmodells gegeben sind. Damit sind wir zurück bei der alten Frage des Verhältnisses von Markt und Staat, von Ökonomie und Politik und mithin bei der polit-ökonomischen Grundfrage. Allerdings sind neue Ideen, Modelle und Ansätze erforderlich, um für die massive Problematik globaler Ungleichheiten, den gegebenen Asymmetrien in der Verteilung von Arm und Reich, von Gewinnern und Verlierern der vielfältigen Globalisierungsprozesse die Felder zu bestimmen, in denen das Marktmodell globaler Governanz sinnvoll und produktiv ist und wo es im Gegenteil unbrauchbar ist und destruktiv wirken könnte. Die Problematik wird dadurch verschärft, dass die globalen Kontexte im Rahmen einer sich formierenden Weltgesellschaft ohne das ›Dach‹ einer globalen Politik auskommen müssen. Zunächst ist also gar nicht klar, welche Instanzen oder welche Institutionen die für ein Funktionieren des Marktes erforderlichen Rahmenbedingungen schaffen könnten.

An diesem Punkt entwickelt sich nun seit einiger Zeit unter dem Stichwort eines »globalen Rechts« oder eines »Weltrechts« eine Form globaler Governanz, die zum einen für sich selbst als Steuerungsmodell von Interesse ist (dazu der folgende Abschnitt), die aber gerade auch als komplementäres Modell zum Marktmodell möglicherweise geeignet ist, die Voraussetzungen für einen funktionierenden globalen Markt und für ein faires Welthandelssystem zu schaffen oder jedenfalls zu verbessern.

2. GLOBALES RECHT ALS STEUERUNGSMODELL

Das Recht gründet seine Karriere darauf, dass es machtbasierte Verhaltensregeln und Erwartungen postuliert und dadurch soziale Situationen, insbesondere Konfliktsituationen, reguliert und für faire Lösungen zugänglich macht. Dadurch übernimmt es gleichzeitig »für das Erreichen hoher und strukturierter Komplexität in sozialen Systemen eine wesentliche, wenn nicht ausschlaggebende Funktion« (Luhmann 1972: 7). Mit der Säkularisierung und Positivierung des Rechts durch die politischen Systeme der Moderne weitet das Recht machtbasierte Kommunikation auf das Feld der Systemsteuerung aus. Nun entscheiden Gesetzgeber auf der Basis von Macht über Zukunft, indem sie aus kontingenten gegenwärtigen Zukünften bestimmte gewünschte Projektionen auswählen und in Gesetzesform gießen.

Entscheidungen auf der Basis von Macht nutzen den Luxus des Nichtlernens, um Ordnungsmuster und -modelle zu setzen, deren Geltung nicht von faktischer Realisierung abhängt – die aber natürlich dennoch auf faktische Realisierung zielen. So ist in das Recht von vornherein ein spannungsgeladenes Zusammenspiel von faktischer Kraft des Normativen und normativer Kraft des Faktischen eingebaut. Das positivierte Recht hat sich darauf eingestellt, indem es die geregelte Veränderung von Regeln mit regelt und in einer Normenhierarchie Entscheidungsprämissen für die Veränderung von Entscheidungen setzt. Insgesamt hat sich daraus über die Jahrhunderte hinweg eine Architektur demokratischer politischer Systeme ergeben, die in einem bemerkenswerten Ausmaß Merkmale systemischer Intelligenz aufweist (Willke 1997a).

Dennoch ist das Symbolsystem des Rechts aus vielen Gründen, die seit langem in Rechtstheorie, Rechtsdogmatik, Rechtssoziologie und anderen Disziplinen verhandelt werden, in die Defensive geraten. Mit der gegenwärtigen Phase der Globalisierung und der damit verbundenen partiellen Auflösung des Nationalstaates tritt allerdings deutlicher hervor, dass Recht als besondere Form der Codierung des Symbolsystems der Macht ganz grundsätzlich in den Strudel einer notwendigen Erschütterung möglicher Ordnung hineingerissen wird. Das Rechtssystem selbst reagiert seit langem auf den Druck unmöglicher Ordnung durch Formen der Selbstchaotisierung. Sie reichen von einer wild gewordenen Normenproduktion über eine nicht mehr durchschaubare Rechtsprechung und eine Durchlöcherung richterlicher Kompetenz durch Gutachter. Die gesetzgeberische Kompetenz wird durch Gutachtergremien (»Ethik-Rat«) in Frage gestellt. Das Rechtssystem reduziert seine Reichweite dadurch, dass gerade schwierige Fälle und Konflikte dem Rechtsmechanismus entzogen und in Vergleiche, Schiedsgerichte, Moderationsverfahren und andere Formen des post-regulatorischen, merkatorischen, post-konventionellen, weichen – jedenfalls: hybriden – Rechts ausgelagert werden (Abbott/Snidal 2000; Stein 1995; Teubner 2002).

Das Recht schafft in der Sozialdimension kontrafaktisch stabilisierte Strukturen in der Form von Entscheidungsprämissen, Erwartungserwartungen und Kommunikationspräferenzen. Der Sinn von Recht liegt – wie der Sinn aller Regeln – darin, für erwartete Situationen (vor allem: Konflikte, Abstimmungen, Koordinationen, Verteilungs- und Haftungsfragen etc.) im Voraus generalisierte Entscheidungsprämissen zu setzen, so dass dann, wenn eine entsprechende Situation eintritt, vergleichsweise schnell, klar und gerecht im Sinne der Regelhaftigkeit entschieden werden kann. Diese Leistung des Rechts für die Stabilisierung von Strukturen verschleiert gelegentlich, dass es sich dabei immer um *bestimmte* Strukturen mit eingebauten Asymmetrien, Präferenzen und Machtverhältnissen handelt, die gegenüber möglichen Alternativen und Optionen vorgezogen werden.

Dennoch ist leicht zu sehen, dass gegenüber der harten Anarchie »doppelter Kontingenz« (wechselseitige Offenheit und damit Unberechenbarkeit von Akteuren) jedes Recht besser ist als kein Recht. Da Menschen und soziale Systeme nicht durch vorgegebene Reiz-Reaktions-Schemata festgelegt sind, brauchen sie andere Formen der Selbstfestlegung, um der unerträglichen Offenheit doppelter Kontingenz zu entkommen. Sie geben sich Konventionen, Regeln, Gebote, Gesetze etc., von wem oder was auch immer abgeleitet, um wissen zu können, wie in ungewissen Situationen zu verfahren ist.

Die Leistung eines in die Zukunft gerichteten, positivierten Rechts der Moderne bleibt so lange beindruckend, wie die zu regelnden Problemsituationen (Konflikte, Verteilungen etc.) einigermaßen verlässlich voraussehbar sind. Sie sind dies in einem erstaunlichen Ausmaß, weil die *conditio humana* in den meisten Hinsichten über Generationen hinweg unverändert bleibt und deshalb die meisten Wechselfälle des Lebens auf der Basis vorhandener Erfahrungen und vorhandenen Wissens auch für zukünftige Fälle geregelt werden können.

Was demgegenüber das Recht seit einiger Zeit in Schwierigkeiten bringt, ist die Erfahrung, dass die Besonderheiten und Handlungskonstanten des Menschen vielleicht noch irgendeine »Lebenswelt« prägen, soweit es eine solche geben sollte. Sie prägen aber immer weniger die reale Welt hyperkomplexer Gesellschaften. Denn diese beugt sich dem Druck mächtigerer Systeme – der Organisationssysteme, der Infrastrukturen und der Suprastrukturen einer sich globalisierenden Moderne, die auf den Menschen angewiesen, aber nicht mehr von ihm beherrscht oder gesteuert ist. Neben vielem anderen bedeutet dies, dass sich das Recht, um überhaupt handlungswirksam zu sein, um die Regulierung von Situationen und Konstellationen kümmern müsste, in denen nicht Menschen, sondern Organisationen und sozio-technische Systeme die Hauptakteure sind. Darauf ist das Recht nicht vorbereitet. Ja, es ist fraglich, ob das Recht in seiner gege-benen Form überhaupt in der Lage ist, diese Aufgabe zu erfüllen.

Diese durchaus bekannte Problematik ist bislang unter Stich-worten wie Organisationsrecht, Verbandsklage, organisierte Un-verantwortlichkeit etc. verhandelt worden. Unterbelichtet bleibt dabei, dass sich Operationsweise und Eigenlogik von Personen und Organisationen fundamental unterscheiden. Personen rea-gieren auf Recht als spezialisierten Code eines symbolisch gene-ralisierten Steuerungsmediums Macht, weil dahinter die glaub-hafte Drohung des Staates mit physischer Gewalt (und ihren De-rivaten) steht, derer sich das Justizsystem im Auftrag der Politik bedient, um die Gesetze durchzusetzen. Organisationen und Strukturen lassen sich durch die Androhung physischer Gewalt kaum beeindrucken; letztlich kann man sie nicht ins Gefängnis sperren. Natürlich kann das Recht sie auf andere Weise treffen, etwa durch Geldstrafen oder den Entzug von Lizenzen, Opera-tionserlaubnissen etc. Aber die Logik des Rechts ist ganz domi-nant auf die Beeinflussung von Personen ausgerichtet und tut sich schwer, sozialen Systemen über Rechtsfiktionen hinaus eine eigene juridische Realität zuzuerkennen (siehe die Diskussion bei Weber 1972: 6f.).

Das Recht als Symbolsystem ist in Gesellschaften erfunden worden, in denen Organisationen neben Kirche, Hof und Militär kaum eine Rolle spielten. Die entwickelten Gesellschaften der Gegenwart werden dagegen von Organisationen radikal domi-niert. Es sollte deshalb nicht überraschen, dass sich das Rechts-system und das Recht als Steuerungsmedium einem fundamen-talen Wandel ausgesetzt sehen und sich diesem stellen müssen, wenn sie ihre gesellschaftliche Funktion erfüllen sollen. Neben dem üblichen Beharrungsvermögen alter Institutionen ist es vor allem der Bezug auf den Menschen als Regelungsobjekt, der dem Recht bislang die höheren Weihen von ›human‹, ›natürlich‹, ›demokratisch‹, ›subjektiv‹, ›rational‹ etc. verleiht – und darin die Summe alles Guten ausgedrückt erscheint.

Wer sich anmaßt, das Recht in seinem Steuerungsanspruch von Personen auf Organisationen umzustellen, muss deshalb mit Schwierigkeiten der grundsätzlichen Art rechnen. Dies lässt sich dann riskieren, wenn auch das Recht selbst in seiner gesellschaftlichen Funktion auf Schwierigkeiten der grundsätzlichen Art stößt und einen Leidensdruck erzeugt, der auf Veränderung drängt. Die strukturelle Kopplung von psychischen und sozialen Systemen schafft eine strukturelle Heterogenität, ein Ungleichgewicht zwischen den Einflussmöglichkeiten und Machtpositionen von Personen und Organisationen. Sie wird dadurch gesteigert, dass soziale Strukturen und ihre Verdichtungen in Organisationen heute über lokale und regionale Grenzen hinweg global ausgreifen. Das Recht sieht sich wie jedes andere Steuerungsmedium darin herausgefordert, von der ›Einheitlichkeit der Lebensverhältnisse‹ Abschied zu nehmen und stattdessen mit der überbordenden Diversität möglicher globaler Strukturen und Konstellationen zurande zu kommen, die sich nicht mehr einem einheitlichen Ganzen oder einer das Ganze umfassenden Einheit fügt.

Das Recht schafft in der sachlichen Dimension der Gegenstände der Regulierung eine Dynamik der Verrechtlichung, der alle nur denkbaren Bereiche gesellschaftlicher Realität unterworfen werden. Es folgt damit dem Steigerungsimperativ, der in jedes spezialisierte Funktionssystem moderner Gesellschaften eingebaut ist. Es beansprucht, wie jedes Teilsystem, komplementär zu seiner exklusiven Zuständigkeit die Inklusion aller gesellschaftlichen Ereignisse in seinen Aufmerksamkeitsbereich und maßt sich die Kompetenzkompetenz an, alles zu regeln, was es zu regeln wünscht. Genau wie die Ökonomie in ihrer Logik mit imperialem Gestus sich auf andere Bereiche (wie etwa Kunst, Sport oder Familie) ausdehnen würde, setzten ihr diese Funktionssysteme nicht von sich aus Grenzen, so erfassen die Ausdehnungen der Politik in einem maßlosen Wohlfahrtsstaat oder die Expansionen der Verrechtlichung jeden Winkel der Gesellschaft, es sei denn, Politik und Recht beschränken und binden sich selbst aus der Einsicht heraus, dass sie sich sonst mit einer untragbaren Überlastung ruinieren.

Gegen diesen Imperialismus der Funktionssysteme gibt es aus systemtheoretischer Sicht zunächst keinerlei Einwände, weil der Expansionsdrang der Inklusion in die Fundamente moderner

Gesellschaften als funktional differenzierte Systeme eingebaut ist. Mit exklusiver Zuständigkeit für bestimmte Funktionen und Leistungen der Teilsysteme ist verbunden, dass sie diese Zuständigkeiten für die Gesellschaft insgesamt übernehmen, also auch die ganze Gesellschaft in ihren Beobachtungsbereich gerät. Einwände ergeben sich erst auf der zweiten Ebene der wechselseitigen Abstimmung der Funktionssysteme untereinander. Denn dabei geht es um die Steuerung der Folgekosten und negativen Externalitäten (schädlichen Außenwirkungen) funktionaler Differenzierung.

Im Prinzip ist jedes Funktionssystem der Gesellschaft – aber auch jedes spezialisierte Ressort einer Organisation – darauf angelegt, zyklopische Visionen zu entwickeln und rücksichtslos kurzsichtig zu werden: Der Operationsweise operativ geschlossener Systeme fehlen die eingebauten Bremsen (dazu Willke 2002: Kap. 7). Erst indem mehrere solcher Systeme sich wechselseitig begrenzen, entweder weil sie in einen gemeinsamen ökologischen Kontext eingebunden sind oder weil sie sich selbst einen gemeinsamen Kontext in der Idee einer übergreifenden Einheit geben, mäßigen sie ihre eigene Operationsweise nach den Spielregeln der Interdependenz (»tit for tat«) und können so selbst unter prinzipiell anarchischen Bedingungen zu einer regulierten Kooperation gelangen.

Für hyperkomplexe Systeme scheinen derart einfache Regeln der Moderation nicht auszureichen. Reichert man die vertikale Subsidiarität mit horizontaler Subsidiarität im Verhältnis der Funktionssysteme untereinander an, dann läuft die moderierende Auseinandersetzung zwischen den Teilsystemen darauf hinaus, zu klären, nach welchen Kriterien Zuständigkeiten abgegrenzt und Kernbereiche differenzierter Aufgabenerfüllung definiert werden.

Für das Recht bedeutet dies einen ernüchternden Lernprozess. Es hat sich legitimerweise mit der Evolution des Wohlfahrtsstaates in alle Winkel und Nischen der Funktionssysteme hineingedrängt und eine flächendeckende Verrechtlichung der Gesellschaft vollzogen. Dieser Prozess ist eine der Konsequenzen funktionaler Differenzierung und insofern weder ungewöhnlich noch abwegig. Moderne Gesellschaften erfahren zugleich auch eine flächendeckende Verwissenschaftlichung, Ökonomisierung, Medikalisierung, Versportlichung, Technisierung, Verschulung etc. Die Dialektik von Exklusion und Inklusion, die jeden Prozess funktionaler Differenzierung prägt, lässt nichts anderes erwarten. Aber auch hier scheint es Schwellenwerte und Übersteigerungen zu geben, die korrigiert werden müssen, um neuen Optionen Raum zu geben. Es gibt Anzeichen dafür, dass das Recht in einen solchen Lernprozess eingetreten ist, um seine Überziehung (»over-extension«) zu korrigieren. Es muss durch Selbstbeschränkung kompetenter werden für den Umgang mit höheren Graden von Heterogenität. Die Welle der Deregulierung und Entstaatlichung ist in dieser Sicht nur ein Vorbote der notwendigen tiefgründigeren Transformation des Rechts in Richtung auf ein post-konventionelles, post-interventionistisches, post-normatives Recht, das in der Lage ist, eine Steuerungsleistung zu erbringen, die sich auf Augenhöhe mit einer hyperkomplexen Gesellschaft bewegt.

Gunther Teubner beobachtet am Fall der Ausbildung globaler privatrechtlicher Regime, dass diese Veränderung des Rechts bemerkenswerterweise nicht im ›Zentrum‹ des traditionellen, staatszentrierten Rechts stattfindet, sondern »at the edges of law, in the structural linkages of law with other social subsystems«. An die Stelle einzelner nationalstaatlicher Verfassungen, welche die Beziehungen zwischen dem Rechtssystem und den anderen Funktionssystemen der Gesellschaft regeln, tritt im globalen Recht »a multiplicity of subconstitutions – linkages of global law to other global subsystems« (beide Zitate bei Teubner 2000a: 3).

Diese Beobachtungen stimmen mit meinen Überlegungen zur Ausbildung lateraler Weltsysteme überein. Es gibt auf globaler Ebene keine zentrale Instanz mit der Kompetenz verbindlicher Rechtsetzung, welche die sich austobenden lateralen Weltsysteme einfangen könnte. Aber es gibt eine erstaunliche Fülle verteilter, dezentraler internationaler Organisationen, Agenturen, Schiedsgerichte, Assoziationen, Ausschüsse, Standardisierungsgremien, Komitees etc., die im Verbund mit weiteren ›Global Players‹ (wie Firmen, NGOs und sozialen Bewegungen) die Maschen eines flexiblen Netzes knüpfen, welches die lateralen Weltsysteme in ein globales Ordnungsmuster einbindet.

Im Fall der nationalstaatlich organisierten Gesellschaften der Moderne ist es die in der Verfassung verkörperte Idee gesellschaftlicher Einheit, die eine Moderation, eine freiwillige Selbstbeschränkung der Funktionssysteme im Interesse des Ganzen plausibel macht. Die Teile erfahren den Nutzen positiver Koordination und bilden eine hinreichende Fähigkeit zur Selbstthematisierung und Reflexion aus, um auch gegen den eingebauten Hang zu einer kurzsichtigen Operationsform einen aufgeklärten, moderaten Egoismus zu praktizieren. Im Fall lateraler Weltsysteme dagegen gibt es keine koordinierende und moderierende Idee der Einheit des Ganzen – und schon gar keine Praxis der Einheit. Es steht deshalb die schwierigere Aufgabe an, für globale Kontexte und die Aufgabe globaler Governanz auf der Basis ausgeprägter Heterogenität und Ungleichgewichten eine angemessene Form von Ordnung zu entwickeln.

Die Genese einer komplexen Normenstruktur unter der Schirmherrschaft des Rechtssystems lässt sich inzwischen an vielen Beispielen beobachten. Michael Hutter spricht mit Blick auf die Veränderung von Wirtschaftsbeziehungen durch das Internet von einem »richness of rule and regime emergence« (Hutter 2001: 5). Er unterscheidet (für den Fall des Internet) sechs Typen von Regeln mit unterschiedlichem Generalisierungsgrad – (1) international treaties, (2) national public law, (3) national private law, (4) mutual agreements, (5) informal rules of behavior, (6) technical standards – und konstatiert in den Anstrengungen der Organisierung und Steuerung von Internet-basierten Transaktionen die Ausbildung unterschiedlicher Regime, in denen und zwischen denen Regelsysteme ausgehandelt, angewendet, konsolidiert und verändert werden. Besonders aufschlussreich ist nun, welche erklärenden Prinzipien Hutter für die Entstehung dieser Konstellationen von Regeln und Regime herausarbeitet. In einer ökonomietheoretischen Sicht stößt er auf das Gesetz der Effizienz und das Gesetz der Viabilität und erklärt damit den Nutzen und die Attraktivität der entstehenden Governanzregime (ebd.: 18ff.).

In steuerungstheoretischer Sicht lässt sich dieses Ergebnis nutzen. Denn mit den »erklärenden Prinzipien« sind zugleich Quellen der Legitimität der resultierenden Regelsysteme ge-

nannt, die sich jenseits formaler Demokratie aus der Leistungsfähigkeit der etablierten Regime ergeben. Weil für die Regulierung der neuen Konstellationen nationalstaatliche Gesetzgebung
nicht ausreicht, entstehen weitere Regulierungsregime mit ei-
genständiger Begründung in ihren erklärenden Prinzipien (oder:
in der Beschreibung ihres Existenzgrundes), aber mit vergleich-
barer Leistung in der Produktion von Entscheidungen in Hand-
lungs- und Transaktionsfeldern, in die – aus welchen Gründen
auch immer – staatliche Gesetzgebung nicht hineinreicht. In
dieser Ausweitung der Vielfalt von Regelsystemen erweist sich
der Wandel von der Effizienz des Gesetzes zum Gesetz der Effizienz, von der Viabilität des Gesetzes zum Gesetz der Viabilität.

Hybrides Recht, also neue Kombinationen von Regelsystemen
der unterschiedlichsten Art, entwickelt sich aus dem Zusammenspiel zweier Veränderungsprozesse: zum einen der Übergang der Regulierungsregime von einer Logik der Angemessenheit zu einer Logik der Folgen (zu dieser Veränderung siehe
March/Olsen 1998; Krasner 1999 nutzt diese Unterscheidung
und wendet sie auf die Analyse globaler Kontexte an); zum anderen der bereits betonte Übergang von einem normativen zu einem kognitiven Modus der Steuerung von Erwartungen. Verbindet man beide Dimensionen, dann ergibt sich die folgende Tabelle.

Tabelle 2: Erwartungsmodi und Logiken von Regelsystemen

	Logik der Angemessenheit	**Logik der Konsequenzen**
Normativer Modus	Klassisches formales Recht der Konditional-programme	Regulatorisches Recht der Zweckprogramme
Kognitiver Modus	Regulatorisches Recht der Relationierungspro-gramme	Hybrides Recht der Steue-rungsprogramme

Vermutlich erscheint dieser Wandel auf den ersten Blick revolu-
tionärer als er ist. Tatsächlich steht gar nicht zu befürchten, dass
das Recht seine Rolle als übergreifende Architektur der Systemsteuerung einbüßt. Aber es zeigt sich doch deutlich, dass die Architektur der Regelsysteme reichhaltiger, vielfältiger und atopi-

scher wird. Die Regelsysteme globaler Governanz verlieren an Einheitlichkeit und Eindeutigkeit. Sie müssen sich nun definitiv auf neue Formen der Ordnung einstellen – auf globale Governanz, die als komplexere Ordnungsform ganz unterschiedliche Komponenten umfasst:

- »global public policy« als Verlängerung nationalstaatlicher, klassischer Politik in den globalen Raum hinein (Benner et al. 2001; Reinicke 1998);
- »private authority« als neue Komponente von Governanz durch Private, vor allem durch TNCs, soziale Bewegungen und »communities of practice«, die über spezielles Wissen und relevante Expertise verfügen (Cutler/Haufler/Porter 1999);
- Organisationen oder Projekte der »public-private-partnerships«, in denen neue hybride Verschachtelungen von öffentlicher und privater Leistungserbringung erprobt werden, um die erforderlichen »kollateralen Güter« zu schaffen (Willke 1997b: 200ff.).

Dieser Morphogenese spürt auch Gunther Teubner nach, wenn er von einem »hybriden Recht« spricht, welches die Lücken füllt, die »with the massive emergence of virtual enterprises, strategic networks, organizational hybrids, outsourcing and other forms of vertical disaggregation, franchising and just-in-time arrangements, intranets and extranets« (Teubner 2002: 1) zwischen den klar geschnitten Ordnungstypen von Hierarchie und Markt aufbrechen. Teubner sieht hybrides Recht darin begründet, dass es genau dort Zurechenbarkeiten und Haftungsregeln schafft, wo das reguläre Recht bislang versagt: bei der Haftung von verteilten Netzwerken für sich selbst und für ihre Schnittstellen zu anderen Systemen gerade auch in privat-öffentlichen Netzwerken, die ihrerseits hybride Organisationsformen darstellen.

Auch an dieser Spielart der Ausfransung und Binnendifferenzierung des Rechtssystems erweist sich, dass das Recht weniger in seinem Zentrum lernt als an seiner Peripherie. Immerhin: Es lernt. Es passt sich so trotz der üblichen Bedenken einer Gesellschaft an, die sich insgesamt nolens volens dem Lernen verschrieben hat. Rechtsähnliche Regelsysteme lagern sich an das Recht an und lassen sich damit rechtfertigen, dass sie effizient und viabel dort Entscheidungen ermöglichen, wo diese benötigt werden, das Recht selbst aber nicht kompetent oder nicht flexibel genug ist, um die erforderlichen Leistungen zu erbringen. So könnten alle zufrieden sein, wären da nicht zwei hartnäckige Probleme aus der jüngeren Geschichte des Rechts, die bei den neuen globalen Formen des hybriden Rechts nicht gelöst sind: das Problem der Legitimität und das Problem der Durchsetzung.

Es sind dies genau die Probleme, die als wichtigste Herausforderungen der gegenwärtigen Ausprägungen von globaler Governanz gelten müssen. Eine mangelhafte Legitimität der globalen Institutionen klagen insbesondere viele NGOs ein – wie etwa »Attac«, »Greenpeace« oder WWF –, die selbst keine adäquate demokratische Legitimität vorweisen können, die aber dennoch Ansatzpunkte und Ideen dafür bieten, wie eine mangelnde formale demokratische Legitimation durch andere Formen und Verfahren der Legitimierung ersetzt werden könnten. Da auf absehbare Zeit nicht damit zu rechnen ist – und es vielleicht nicht einmal wünschbar ist –, dass über Weltparteien eine formale demokratische Legitimität klassischen Stils für Weltinstitutionen geschaffen wird, sind alternative Formen der Erzeugung von Legitimität praktisch wichtig und theoretisch interessant. Diesem Thema wendet sich der folgende Abschnitt zu.

3. GLOBALE SOLIDARITÄT ALS STEUERUNGSMODELL

Soziale Bewegungen, Nichtregierungsorganisationen (NGOs), Not-for-profit-Organisationen (oder Nonprofit-Organisationen), Interessengruppen, Hilfe- und Selbsthilfegruppen, humanitäre Stiftungen, Aktionsgruppen etc. sind eine Wachstumsbranche. Die Zahl internationaler NGOs ist von rund 2000 im Jahre 1970 auf rund 6000 im Jahre 2000 gestiegen (Donges/Menzel/Paulus 2003: 11). So unterschiedlich Ziele, Methoden, Finanzierungsmodi, Organisationsformen, Größe, Verbreitung etc. auch sind, so klar ist doch eine gemeinsame Vision zu erkennen. Es geht den Akteuren in diesem »Dritten Sektor« darum, abseits und unabhängig von den formalen Funktionssystemen Solidarität im weitesten Sinne zu bündeln, um soziale Missstände zu bekämpfen.

Wie die Steuerungsmodelle Markt und Recht ist auch Steuerung über Solidarität keine Erfindung des Globalisierungszeitalters. Im Gegenteil: Solidarität dürfte die ursprünglichste und gesellschaftsgeschichtlich älteste Steuerungsform sein, die für archaische Gesellschaften neben Religion/Moral sogar als grundlegend gelten kann. Auch für die Moderne hat Solidarität eine bleibende – und möglicherweise wieder zunehmende – Bedeutung, weil sich herausstellt, dass der Ökonomisierung durch den Markt und der Formalisierung durch Verrechtlichung Grenzen gesetzt sind. Sie können durch ein Steuerungsmodell überwunden werden, das vorrangig auf informelle, persönliche und direkte Beziehungen zwischen Menschen setzt. Zugleich läuft das Steuerungsmodell Solidarität damit Gefahr, immer dann als Lückenbüßer einspringen zu müssen, wenn die etablierten modernen Formen von Markt und Recht nicht hinreichen.

Vermutlich gibt es eine ungeheure Vielfalt von Koordinationsmechanismen, die zum großen Teil von den Sozialwissenschaften noch wenig zur Kenntnis genommen und noch weniger untersucht worden sind. Sieht man sich nach übergreifenden Systematisierungen von Koordinationsformen um, so überrascht, dass die meisten Autoren ein (nur) dreiteiliges Klassifikationsschema verwenden und nur wenige darüber hinausgehen. Der Grund für diese Beschränkung dürfte sein, dass zwei möglichst stark differierende Idealtypen kontrastiert werden und dann zur Lösung der Abgrenzungsprobleme ein dritter Typus eingeführt wird. Ein weiterer Grund könnte allerdings auch sein, dass tatsächlich für das Problem der Koordination sehr komplexer Systeme nur zwei Haupttypen der Steuerung empirisch vorfindlich sind.

Die folgende Tabelle zeigt einen Überblick über Vorschläge der Systematisierung von Steuerungsmodellen (dazu und zu den Quellen Gotsch 1987 und Willke 2001b: 93ff.).

*Tabelle 3: Haupt- und weitere Typen der Koordination
in verschiedenen Steuerungsmodellen*

Autor	Zwei Hauptformen		dritte Form	vierte Form
Dahl/Lind-blom 1953	Hierar-chie	Markt	Verhandlung	Polyarchie
Williamson 1975	Hierar-chie	Markt		
Williamson 1985	Hierar-chie	Markt	relationaler Vertrag	
Lindblom 1977	Politik (Staat)	Markt	Überredung	
Ouchi 1980	Hierar-chie	Markt	Clan (Solidarität)	
Kaufmann 1983	Hierar-chie	Markt	Solidarität	
Offe 1984	Staat	Markt	Solidarität	
Streeck/ Schmitter 1985	Staat	Markt	Solidarität (*community*)	Verbände (*associations*)
Hegner 1986	Hierar-chie	Markt	Solidarität	
Traxler/ Vobruba 1987	Zwang	Tausch	Solidarität	
Scharpf 1993	Hierar-chie	Markt	Verhand-lungssysteme	
Mayntz 1993	Hierar-chie	Markt	Policy-Netzwerke	

An dieser Übersicht fällt auf, dass die etablierte Zwei-Seiten-Form diejenige von *Hierarchie* und *Markt* ist, moderiert durch das dritte Modell der *Solidarität*. Anstelle von Hierarchie werden auch die Begriffe Staat, Politik oder Zwang verwendet, und an der Stelle von Solidarität tauchen häufiger andere Bezeichnungen der Hybridform auf. Nur in zwei Fällen gibt es eine vierte Form, bei Dahl/Lindblom eine Unterform von Hierarchie und bei Streeck/Schmitter eine Form des »private governance« mit der Übernahme quasi-politischer Aufgaben durch private korporative Akteure (»private governance« hat inzwischen als »private authority« Karriere gemacht, siehe Kap. V/1). Erst bei Renate Mayntz taucht 1993 im Titel das Stichwort »Policy-Netzwerke«

auf, das im Globalisierungsdiskurs dann eine wichtige Rolle spielt.

Für alle Autoren ist klar, dass sich die empirische Vielfalt möglicher Koordinationsformen nur schlecht in eine einfache Dichotomie pressen lässt. Alle Autoren sehen sich deshalb gedrängt, zumindest eine intermediäre Form der Koordination bereitzustellen. Überwiegend bekommt sie den Namen Solidarität. Auch dies ist eine bemerkenswert schlechte Wahl. Die Konzeption der Solidarität holt eine vormoderne, gemeinschaftliche Form der Koordination von Primärgruppen aus der Versenkung und presst sie in den Kontext moderner, hochdifferenzierter Gesellschaften. Von dieser Kritik möchte ich nur diejenigen Autoren (wie etwa Franz-Xaver Kaufmann) ausnehmen, die ausdrücklich darauf verweisen, dass ein ›Überleben‹ vormoderner, gemeinschaftlicher Koordinationsformen nötig sei zur Abstützung und Unterfütterung der anonymen, modernen Formen.

Das Argument ist respektabel, solange es darum geht, dass in Primärgruppen wie Familien, Freundesgruppen, Verwandtschaften etc. und in Primärumwelten (wie Nachbarschaften, engen Geschäftsbeziehungen und ähnlichem) tatsächlich Personen nicht nur egoistisch auf ihren Vorteil bedacht handeln, sondern langfristige und umfassende wechselseitige Verbindungen eingehen. Dies macht ein Verrechnen der Einzelhandlungen nach unmittelbaren Kosten und Nutzen überflüssig. Solidarität bezeichnet hier einen Modus der Koordination, der sich nicht auf »rational choice«, schon gar nicht auf die Kunstfiguren des *homo oeconomicus*, des *homo politicus* oder sonstiger *homunculi* reduzieren lässt (Hutter/Teubner 1993). Vielmehr gibt es in diesen verbliebenen Winkeln der Lebenswelt noch jene herzerfrischende Irrationalität altruistischer, sorgender, beschützender und bisweilen aufopfernder Handlungsmuster, die einer rationalistischen oder ökonomistischen Sichtweise unbegreiflich bleiben müssen.

Auf der anderen Seite aber sollte genauso klar sein, dass wir ins Reich der Mythen geraten, wenn wir diese Art von Solidarität auch für die Beziehungen zwischen den kollektiven und korporativen Akteuren moderner Gesellschaften annehmen. Genau deshalb ist es irreführend, Solidarität über Markt und Recht hinaus als drittes Grundmodell der Koordination komplexer Gesellschaften zu postulieren. Zwar gibt es einen klaren Bedarf für (zumindest) eine dritte intermediatisierende Koordinationsform – wie gezeigt wurde, verzichtet kaum ein Autor darauf. Aber die Suche danach ist schwieriger, wenn man den Ebenenfehler vermeiden will, eine für Primärsysteme geeignete Koordinationsform umstandslos auf hochdifferenzierte Gesellschaften zu übertragen.

Wer die Frage nach wirkungsvollen Koordinations- und Steuerungsformen stellt, findet natürlich keine Tabula rasa vor. Im Bereich der politischen Willensbildung gibt es alle Varianten, vom unmittelbaren Volksentscheid und direkter Demokratie nach dem Vorbild Schweizer Landgemeinden bis zu stark oligarchischen, mehrstufig repräsentativen Systemen, in denen die Wahlbürger in mehrjährigem Abstand über die Zusammensetzung einer entfernten Elite entscheiden. Im Bereich der administrativen Durchsetzung legislativer und politischer Entscheidungen reichen die Modelle von Max Webers klassischer bürokratischer Hierarchie über partiell autonome (lose gekoppelte) Regulierungsinstanzen bis zu engmaschigen, proporzabhängigen Verhandlungssystemen, in denen endgültige Entscheidungen erst vor Ort und im Einzelfall erreichbar sind.

Ich möchte dieser Palette von Modellen nicht ein weiteres hinzufügen. In der Sicht von globaler Governanz, der Sicht einer Steuerungstheorie globaler Kontexte, geht es vielmehr darum, den Fokus von der Verengung auf das politische System zu lösen und ihn neu einzustellen auf das Zusammenspiel der lateralen Weltsysteme. Sicherlich rechnen bereits pluralistische und neokorporatistische Politikmodelle mit dem Einfluss organisierter gesellschaftlicher Akteure – Organisationen, Interessengruppen, Verbände und Korporationen aus den verschiedenen Funktionssystemen – auf die Politik und mit einem zurückwirkenden Einfluss der Politik auf diese Akteure. Aber immer geht es um die herausgehobene Rolle der Politik in der Gestaltung gesellschaftlicher Verhältnisse.

Für die Politikwissenschaft im Allgemeinen ist dies vielleicht die angemessene Fragestellung. Für eine Steuerungstheorie globaler Kontexte empfiehlt es sich dagegen, den Blick auf das Geflecht von Beziehungen zwischen allen sozietalen Akteuren zu richten – korporative und kollektiv handlungsfähige Akteure in allen lateralen Weltsystemen, die aufgrund ihrer Autonomie, Expertise, Ressourcen, Organisationsfähigkeit und ihrer für die Gesellschaft insgesamt unverzichtbaren Funktionen und Leistungen mitbestimmen, was in einem bestimmten Gesellschaftssystem möglich ist und was nicht.

Dieses Beziehungsgeflecht wird vom *Inter-Organisations-Ansatz* und von der *Netzwerkanalyse* durchleuchtet – und es ist keine Frage, dass diese Forschungsrichtungen wichtige Erkenntnisse über das Zusammenspiel relevanter Akteure in einem Organisations-Cluster oder einem »Issue-network« erbringen (Überblick bei Sydow 1992; Türk 1989). Tatsächlich erscheint es aussichtsreicher, als drittes Steuerungsmodell globaler Governanz nicht die Organisierung von Solidarität zu betonen, sondern die Organisierung von Netzwerken von Organisationen, in denen Solidarität eine besondere Rolle spielt. Mit dieser Akzentverschiebung könnte es gelingen, die vormoderne Konnotation von Solidarität zu überwinden und sie als Ressource in entwickelten Organisationsverhältnissen ernst zu nehmen. Der Ansatz einer »Global Public Policy« widmet sich diesen Fragen und betont vier Kernfunktionen globaler Politiknetzwerke (Benner et al. 2001: 364f.):

– der Verhandlung globaler Standards, etwa im globalen Umweltschutz;
– der Sammlung, Verbreitung und Nutzung von global relevantem Wissen;
– der Korrektur von Marktversagen und der Entwicklung alternativer Steuerungsmechanismen;
– der Unterstützung bei der Implementation internationaler und transnationaler Verträge, wobei wiederum das spezifische Wissen der Politiknetzwerke zum Tragen kommt.

So besteht eines der ältesten und etabliertesten Netzwerke, die »International Confederation of Free Trade Unions« (ICFTU), aus 231 Organisationen in 150 Ländern mit einer Gesamtmitgliedschaft von 158 Millionen: Es ist der klassische Fall eines Netzwerkes von Organisationen, in denen eine gut organisierte Solidarität eine prägende Rolle spielt. Auf der anderen Seite stehen sehr lose Netzwerke wie das im Globalisierungsprotest akti-ve, anti-kapitalistische »People's Global Action-Network«, das 1998 in Genf gegründet wurde und inzwischen in 40 Ländern vertreten ist. Es umfasst vor allem Gruppen in Lateinamerika, Asien und Europa und schließt Bewegungen wie die Sandinis-ten, Zapatisten, phillipinische, brasilianische und indianische Bauernbewegungen ein, aber auch die britische »Reclaim the Streets« und die italienische »Ya basta« (Wood 2004: 78f.).

Damit ist eine zweite problematische Seite des Steuerungs-modells Solidarität angesprochen. Jedenfalls in Kontexten gesell-schaftlicher Modernität erweist sich, dass solidarische Sozialbe-ziehungen ohne Organisierung und Organisationskompetenz nicht oder nur schwer zu stabilisieren sind. Gerade NGOs, die vorrangig auf Solidarität gründen, finden sich permanent von Organisationsproblemen geplagt. Selbst noch die Form des Netzwerkes scheint ständig zwischen den Polen Selbstauflösung einerseits und Verfestigung zu formalen Organisationen hin und her gerissen zu sein (Castells 2000b; Thompson et al. 1991; Za-cher/Sutton 1994).

Eine dritte Schwierigkeit der Steuerungsressource Solidarität hängt damit zusammen, dass man zwar verbal leicht mit der ganzen Welt solidarisch sein kann, faktisch sich Solidarität aber auf enge soziale Kreise beschränken muss, weil sie an direkten persönlichen Kontakt gebunden ist. Dem scheinen auf den ers-ten Blick Phänomene weltweiter Solidarität in Fällen wie der Tsunami-Katastrophe von 2004 zu widersprechen. Ein zweiter Blick zeigt aber, dass alles an einer massenmedial vermittelten Direktheit und Anschaulichkeit hängt, die dann tatsächlich eine ursprüngliche Solidarität auslösen kann. Die Kehrseite ist, dass sich zahllose Katastrophen weltweit abspielen, die mangels mas-senmedialer Aufmerksamkeit und Vermittlung schlicht überse-hen werden und keinerlei Solidarität auslösen.

Die erstaunliche Karriere von Solidarität muss man wohl als eine Reaktion auf Globalisierungsprozesse sehen, die von vielen Betroffenen als unpersönlich, anonym und kalt erlebt wird. Ro-bertsons Begriff der Glokalisierung oder das Motto »think global, act local« verweisen auf einen Zusammenhang zwischen wahr-genommenen Phänomenen und Wirkungen der Globalisierung einerseits und einer Wiederentdeckung des Lokalen andererseits. Je direkter die Auswirkungen der Globalisierung erlebt werden und je machtloser Personen sich dem gegenüber fühlen, desto verständlicher ist, dass sie einen Rückhalt im Lokalen suchen. Denn das Lokale erscheint dann im Vergleich als einfach, überschaubar und transparent.

Aus steuerungstheoretischer Perspektive und aus der Sicht von globaler Governanz ist dies allerdings eine Illusion. Das Verhältnis von Globalem und Lokalem ist nicht einfach, dichotomisch, entweder-oder. Vielmehr sind es gerade die überraschenden und nicht-intendierten Wechselwirkungen zwischen beiden Seiten, die Sassen, wie erwähnt, als »imbrications« (1999: 1) bezeichnet, als Verschachtelungen und Überlagerungen, die *beide* Seiten komplex, unverständlich und intransparent machen. Es verlangt ungewöhnlich viel Wissen über viele Themen und Bereiche, um auch nur einigermaßen nachvollziehen und verstehen zu können, was in den Prozessen der Globalisierung geschieht und welche Wirkungsketten eine Rolle spielen. Es wäre übertrieben zu behaupten, dass dieses Wissen Allgemeingut wäre.

Nicht nur aus diesem Grund wird Wissen zu einer Ressource, die in besonders relevanter Weise mit globaler Governanz verknüpft ist. Dies ist im folgenden Abschnitt näher zu beleuchten.

4. Globale Expertise als Steuerungsmodell

Wissen taucht als Ressource für Systemsteuerung natürlich nicht erst im Rahmen von globaler Governanz auf. Schon das Marktmodell und das Demokratiemodell der Systemsteuerung greifen in grundlegender Weise auf Wissen zurück, um ihre Steuerungsleistung erbringen zu können. Friedrich von Hayek beschreibt den Wettbewerb als »Entdeckungsverfahren« und betont damit die funktionale Äquivalenz von Markt und Evolution. Er begründet die Besonderheit einer rationalen ökonomischen Ordnung auf der Tatsache, »that the knowledge of the circumstances of which we must make use never exists in concentrated or integrated form, but solely as the dispersed bits of incomplete and frequently contradictory knowledge which all the separate individuals possess« (Hayek 1945: 519). Damit wird die Unsichtbarkeit des notwendigen Gesamtwissens zur Bedingung der Möglichkeit einer »rationalen« ökonomischen Ordnung. Es gilt in der Ökonomik seit Adam Smith als ausgemacht, dass Preise das fehlende Bindeglied zwischen dem Wissen der Einzelnen und der Ignoranz Aller darstellen. Die Beobachtung von Preisen schafft jene marginale Überlappung der vielen individuellen Wissensbereiche, die eine Verknüpfung zu beliebig komplexen Netzen von Wirtschaftssubjekten erlaubt:

»The whole acts as one market, not because any of its members survey the whole field, but because their limited individual fields of vision sufficiently overlap so that through many intermediaries the relevant information is communicated to all. [...] We must look at the price system as such a mechanism for communicating information if we want to understand its real function« (ebd.: 526).

In ganz ähnlicher Weise beschreibt Charles Lindblom »die Intelligenz der Demokratie« als einen dezentralen, evolutionären, vielseitigen und inkrementalen (schrittweisen) Anpassungsprozess, in dem sich durch viele lokale Lernprozesse ein globales Optimum und eine systemische Intelligenz ergeben (Lindblom 1965). James March (1996: 203) unterstreicht dies mit der passenden Formel: »finding intelligence in ambiguity and disorder«.

Demokratie stellt sich sehr früh auf ein Problem ein, das heute unter dem Schlagwort »Wissensmanagement« große Aufmerksamkeit findet. Wenn im Frankreich oder im England des 18. Jahrhunderts nur der König oder nur der Adel entscheiden oder in modernen sozialistischen Staaten nur das Zentralkomitee, dann ist das Risiko von Fehlentscheidungen hoch, weil die Informationsverarbeitungskapazität und das Auflösungsvermögen dieser Akteure zu begrenzt ist. Es fehlen Mechanismen und Verfahren, die *verteilte Intelligenz* der Personen und Organisationen einer Gesellschaft zu nutzen, die sich immer stärker differenziert, spezialisiert, temporalisiert und in ganz unterschiedliche Sphären von Kompetenz und Expertise auseinander driftet. Der Reichtum dezentraler Ideen, Erfahrungen, Problemlösungen, Perspektiven, Innovationen etc. lässt sich nur dann in die

Prozesse kollektiver Willensbildung einbringen, wenn er nicht an zu engen Nadelöhren hierarchischer Entscheidungskompetenzen zerschellt. *Die Qualität kollektiver Willensbildung hängt nun an der Qualität kollektiver Wissensbildung* (Willke 2002: Kap. 5). Dieser Zusammenhang disqualifiziert das klassische Recht und Hierarchie als Ordnungsform unter ganz nüchternen funktionalen Kriterien der Leistungsfähigkeit. Demokratie empfiehlt sich als Steuerungsform für kollektive Willensbildung, die Dissens kultiviert, also Diversität und Heterogenität fördert, also auf die Steigerung von gesellschaftlicher Komplexität ausgerichtet ist und nicht auf ihre Unterdrückung.

Die hier relevante Frage für die Politiktheorie lautet: Wie verändert sich globale Governanz und wie lässt sie sich verstehen, wenn Lernen als Prozess und Wissen/Nichtwissen als Ergebnis dieses Prozesses nicht einfach passieren, sondern in strategischer Absicht den Prozessen globaler Kommunikation aufmoduliert werden? Immer schon ist Kommunikation, wie Luhmann betont, eine von Wissen/Nichtwissen getriebene Operation. Die Inhalte dieses Wissens beziehen sich mit der gesellschaftsgeschichtlichen Moderne zunehmend auf neues Wissen, das gegenüber dem originalen, alten, unvordenklichen Wissen die Überhand gewinnt und in dem eigens dafür ausdifferenzierten Funktionssystem der Wissenschaft als geltendes Wissen generiert wird.

Diese stabile Dynamik der Wissensordnung gerät gegenwärtig aus zwei Gründen ins Wanken. Zum einen weitet sich die Schaffung neuen relevanten Wissens aus dem Wissenschaftssystem aus in alle denkbaren gesellschaftlichen Bereiche und vervielfältigt sich in »multiple centers of expertise« (Jasanoff 1990: 76). Diese Center produzieren und verwalten operatives Wissen. Sie greifen somit in den gesellschaftlich umfassenden Prozess der Allokation und Dislozierung von Wissen ein. Wissen wird von »Wahrheit« zu einer Ressource, die nicht mehr im gemächlichen Tempo des Wissenschaftssystems als Folge eines zweckfrei gedachten Erkenntnisprozesses abfällt, sondern unter Bedingungen globaler Konkurrenz auf Umsetzung von Inventionen in Innovationen zielt. Zum anderen gewinnt, damit zusammenhängend, die strategische und operative Steuerung der Ressource

Wissen als politisches Wissensmanagement für die Reproduktion von Gesellschaften (und ihren Subsystemen) eine vergleichbare Bedeutung wie das Management von Arbeit und das Management von Kapital.

Die Wissensgesellschaft ist dabei, ihre Schatten einzuholen. Mit der Höherstufung von Produkten und Dienstleistungen zu wissensbasierten, professionellen Gütern verlieren die herkömmlichen Produktionsfaktoren (Land, Kapital, Arbeit) gegenüber der implizierten oder eingebauten Expertise dramatisch an Bedeutung. Damit mutiert die moderne kapitalistische Ökonomie schrittweise zu einer post-kapitalistischen, wissensbasierten Produktionsform. Beide Elemente zusammen verändern das Gesicht der modernen Arbeits- und Wohlfahrtsgesellschaften grundlegend.

Von einer Wissensgesellschaft oder einer wissensbasierten Gesellschaft lässt sich sprechen, wenn die Strukturen und Prozesse der materiellen und symbolischen Reproduktion einer Gesellschaft so von wissensabhängigen Operationen durchdrungen sind, dass Informationsverarbeitung, symbolische Analyse und Expertensysteme gegenüber anderen Faktoren der Reproduktion vorrangig werden. Auf der Seite der Ökonomie setzt dies voraus, dass drei Prozesse eine kritische Masse gewinnen und sich gegenseitig verstärken: zum einen die Ausbildung der lernenden, intelligenten Organisation, dann ein Strukturwandel der Arbeit von der tayloristisch geprägten Industriearbeit zur Wissensarbeit, und schließlich die Verbreitung intelligenter Produkte, die dadurch gekennzeichnet sind, dass ihr wesentlicher Wert in der eingebauten Intelligenz liegt (Willke 1998).

Dies hat besondere Bedeutung für globale Governanz. Während Land und Arbeit als Produktivfaktoren die territoriale Begrenzung nationalstaatlicher Politik verstärken konnten, löst sich bereits das Kapital, wie Marx und Engels im »Kommunistischen Manifest« ausführten, aus dieser Verengung zunehmend heraus. Wissen dagegen war im Prinzip immer schon ein grenzenloses Medium, das sich trotz Patenten, Eigentumsrechten etc. im Zeitalter globaler Kommunikationsinfrastrukturen nicht einmal mehr von absolutistischen Staaten eingrenzen lässt. Die Wissensbasierung von Gesellschaften und ihren Subsystemen bis hinein in die darin produzierten Güter verstärkt die Auflösung von Territorialität (Sassen 1998) und stellt die Fähigkeit von Gesellschaften zur Selbststeuerung vor neue Herausforderungen. Wenn Wissen zum dominanten Produktivfaktor und zu einer strategisch verwendbaren Ressource wird, dann wächst auch die Bedeutung von spezifischem und unspezifischem Nichtwissen und mithin der Raum möglicher Systemrisiken. Dies lässt sich heute vor allem an den Systemrisiken des globalen Finanzsystems ablesen. Und schließlich: Wenn Kommunikation eine von Wissen/Nichtwissen getriebene Operation ist und Wissen zunehmend einem strategischen Management durch Gesellschaften, Organisationen und Personen unterliegt, was bleibt dann vom ebenso sympathischen wie hilflosen Mythos eines herrschaftsfreien Diskurses?

Die Chance zu einem weiteren Schub der Entwicklung von angemessenen Steuerungsmodellen ergibt sich möglicherweise daraus, dass das Leitproblem der Ordnungsbildung am Ende der Epoche der Industriegesellschaft weder Ohnmacht noch Armut ist, sondern Ignoranz. In einer nicht nur auf Macht und Geld, sondern auch auf Wissen gegründeten Ordnung verschieben sich die Prämissen der Ordnungsbildung und Systemsteuerung auf den Umgang mit der Form des Wissens. Dieser Wende der gegenwärtigen Gesellschaftsgeschichte liegt eine Veränderung der gesellschaftlichen Bedeutung von Wissen/Nichtwissen zugrunde. Sie ist ihrerseits auf eine Reihe von Faktoren zurückzuführen, vor allem Digitalisierung, Vernetzung, Globalisierung und deren Korrelate wie Virtualisierung, Entmaterialisierung von Produkten, Entterritorialisierung von Transaktionen und ein weltweiter Vergleich und Wettbewerb der Governanzregime (Willke 2001a).

Die alten Themen der Kontrolle von Abweichung (Kontingenzen) und der Produktion von neuen Möglichkeiten (Opportunitäten) tauchen dabei in neuer Gestalt wieder auf. Kern der neuen Konstellation ist die Möglichkeit, viel radikaler als bislang Architekturen und Operationsweisen sozialer Ordnung wissensabhängig zu gestalten. Spezifische institutionelle und organisationale Intelligenz war zwar immer schon ein Faktor der Qualität und Effizienz von Ordnungsformen, aber sie entwickelt sich gegenwärtig zum ausschlaggebenden Faktor. Denn nun geraten auch Macht und Geld in die Abhängigkeit einer umfassenden Wissensbasierung. Das hierbei relevante Wissen bringt seine eigene Vorläufigkeit und seinen eigenen Revisionsbedarf mit sich. Es wird damit nicht erst, wie bislang, in der Zukunft virulent, sondern bereits in der je aktuellen Gegenwart. Aber dies ist nur die eine Seite des Wissens. Vermutlich noch brisanter als Bedingung der Möglichkeit und Opportunität von Ordnung ist seine andere Seite, das Nichtwissen.

Erst die postmodern modische Fixierung auf Risiken (vor allem von Großtechnologien) hat vergessen lassen, dass auf Zukunft bezogenes Nichtwissen immer schon, zumindest seit dem klassischen Orakel, Gefahren *und* Chancen umschloss. Nichtwissen verdeckt also Gefahren und Chancen. Wer kompetenter mit Nichtwissen oder Ungewissheit umgeht, dem erschließen sich Gefahren und Chancen, die anderen nicht zugänglich sind. Ein kompetenter Umgang mit Gefahren, z.B. ihre Umwandlung in Risiken, die unter Umständen berechenbar sind, und mit Chancen, z.B. ihre Umwandlung in Opportunitäten, die unter Umständen wahrnehmbar sind, sichern offenbar Möglichkeiten, die mit den entsprechenden Kompetenzen ungleich verteilt sind. Zu den Problemen einer ungleichen Verteilung von Macht, einer ungleichen Verteilung von Eigentum und einer ungleichen Verteilung von Wissen gesellt sich nun das Problem einer ungleichen Verteilung von Kompetenzen im Umgang mit Nichtwissen hinzu.

Zu einem Problem der Prämissen der Ordnungsbildung wird dies, wenn und soweit sich plausibel machen lässt, dass das Leitproblem sozialer Ordnung nicht mehr primär Anarchie oder Unglück ist, sondern *Indifferenz*, vor allem Indifferenz gegenüber kontingenten Optionen und Opportunitäten. Ignoranz macht indifferent, und Indifferenz vergibt Chancen. Wer keine alternativen Optionen erkennt, bleibt unglücklich und ohnmächtig. (Zur Sicherheit: Offenbar gilt dies von vornherein nur in bestimmten Territorien, in denen die Probleme von Anarchie und Unglück ihre Brisanz durch funktionierende Sicherungssysteme verloren haben, also in der oberen Gruppe der OECD-Länder. Aber indem diese Länder, ob sie es sich nun eingestehen wollen oder nicht, die gesellschaftsgeschichtlich führenden sind, bestimmen sie auch die weitere Entwicklungslinie der nun globalen Gesellschaftsgeschichte.)

Ausgangspunkt der weiteren Überlegungen ist einerseits die von Luhmann formulierte These, »dass die Entscheidungsabhängigkeit der Zukunft der Gesellschaft zugenommen hat« (Luhmann 1991: 6). Andererseits gilt die komplementäre Annahme, dass Kompetenzen/Unfähigkeiten im Umgang mit Ungewissheit den entscheidenden Hebel für die Gestaltung von Zukunft durch Entscheidungen ausmachen. Entscheidungsfähigkeit avanciert damit zum Kriterium gelingender Steuerung und radikaler noch zum Kriterium gelingenden Regierens im Sinne von Governance.

An die Bearbeitung von Nichtwissen ist Entscheidungsfähigkeit in dem Maße geknüpft, wie soziale Systeme die Fähigkeit entwickeln, nicht nur »im Spiegel der Vergangenheit Zukunft zu sehen« (ebd.: 44), sondern in den Projektionen möglicher Zukünfte über Zukunft zu entscheiden. Stärker noch als Extrapolationen aus der Vergangenheit setzen sich allerdings Rückprojektionen aus möglichen Zukünften dem unvermeidlichen Problem von Unsicherheit aus. Sobald aus den Rückrechnungen von Zukunftsprojektionen Entscheidungen abgeleitet werden, sind damit unweigerlich Risiken und Chancen verbunden, die andere nicht haben, wenn und weil sie zu diesen Entscheidungen nicht kommen (können).

Wenn mögliche Zukünfte von Entscheidungen abhängig werden, und wenn die Entscheidungsparameter von Vergangenheit (bisherige Entwicklungen) auf Zukunft (mögliche Entwicklungen) umgestellt werden, dann werden die Verhältnisse komplex und unübersichtlich. Wenn Expertise im Umgang mit Ungewissheit zu dem Kriterium wird, welches über die Verteilung von Chancen und Risiken entscheidet, dann folgt daraus, dass die Prämissen der Systemsteuerung nicht mehr primär auf Möglichkeiten der Kontrolle zielen, sondern auf Möglichkeiten der Steigerung von Kontingenz – also darauf, Chancen zu ermöglichen.

Kontingenzen eröffnen Handlungsspielräume und steigern Entscheidungszwänge, so dass sich leicht ein Teufelskreis aus aufeinander aufbauenden Handlungsrisiken ergibt, ebenso aber auch die Möglichkeit eines *circulus virtuosis* aus miteinander zusammenhängenden, pfadabhängigen Handlungsmöglichkeiten und Entwicklungschancen. Jedenfalls gibt es heute auf der Ebene von Organisationen genügend Beispiele für Strategien, die in globalen Kontexten zu gesteigerten Risiken oder Opportunitäten (Chancen) führen.

All dies klingt vermutlich sehr abstrakt und theoretisch. Die Thematik der Steuerung durch Expertise soll deshalb im folgenden Kapitel an mehreren konkreten Fällen durchgespielt werden. Damit soll deutlich werden, dass spezielle und spezifische Expertise längst zu einem wichtigen Faktor der Steuerung globaler Kontexte geworden ist. Dabei gilt ein besonderes Augenmerk der Frage, inwieweit Nichtwissen als komplementäre Seite von Wissen im globalen Maßstab ungleich verteilt ist und welche Folgen dies für die Möglichkeiten und Schwierigkeiten globaler Governanz mit sich bringt.

Anspruchsvoll und schwierig ist diese Thematik deshalb, weil erst ein adäquates theoretisches Verständnis der Rolle von Wissen und Nichtwissen beim Aufbau hochkomplexer globaler Kommunikationsmuster die Grundlage dafür bieten kann, überhaupt *sehen zu können*, wie und warum in der Praxis globaler Governanz immer wieder überraschende Mängel, eklatantes Misslingen und schließlich Systemrisiken auftreten, denen die Praxis oft hilflos gegenübersteht. Dies gilt nicht nur für das Weltfinanzsystem, das regelmäßig von Krisen geschüttelt wird, die erhebliche Konsequenzen für Länder, Firmen und Menschen haben. Es gilt auch für Felder wie das globale Gesundheitssystem (Epidemien, Seuchen, HIV/Aids), globale Terrorabwehr und Kriminalitätsbekämpfung (Drogen, Geldwäsche), das Weltsportsystem (Doping, riskante Trainingsmethoden), globale Massenmedien (Desinformation, Verschweigen), globale Energienetze (Risiken der Atomenergie und des Ölverbrauchs), die weltweite Entwicklungspolitik (insbesondere für das Millenium-Programm der UN) und auch für das globale Wissenschaftssystem, das sich mit genetisch modifizierten Organismen, Nanotechnologien etc., aber auch mit Vermutungen über Hirnfunktionen und Erziehungsmodelle in Bereiche vorwagt, in denen Nichtwissen den Lauf der Dinge bestimmt und Risiken definiert – und nicht Wissen.

1. DER FALL WTO

Die Welthandelsorganisation (World Trade Organization, WTO) ist im Januar 1995 als eine Nachfolgeorganisation des GATT (General Agreement on Trade and Tariffs) gegründet worden. Das GATT hat sich in zwei Verhandlungsrunden – Geneva Round 1947 und Uruguay Round 1986-1994 – zum Promotor der Liberalisierung des internationalen Handels entwickelt und bewirkt, dass die durchschnittlichen Handelszölle von 40 Prozent im Jahre 1940 auf 5 Prozent im Jahre 1986 gesunken sind. Die dritte Verhandlungsrunde (»Doha-Runde«), die im Jahre 2000 begonnen hat und bis 2006 beendet sein soll, zielt durchaus realistisch darauf, im Grundsatz Handelszölle für Industriegüter ganz abzuschaffen. Der Regelungsbereich der WTO umfasst heute drei Materien: (1) den internationalen Warenhandel aufgrund des GATT 1994 und dessen zwölf Zusatzvereinbarungen, (2) den internationalen Handel mit Dienstleistungen aufgrund des GATS als Rahmenabkommen und (3) mit besonderer Bedeutung für die Zukunft den internationalen Schutz des geistigen Eigentums aufgrund des TRIPS-Abkommens.

Die WTO besteht heute (Stand Ende 2005) aus mehr als 149 Mitgliedsstaaten, die in Grundsatzfragen nach dem Einstimmigkeitsprinzip entscheiden. Von diesen etwa 150 Staaten sind nur etwa 20 hoch entwickelte Staaten, während die Zahl der Entwicklungsländer in der WTO in den letzten 20 Jahren von etwa 90 auf über 120 angestiegen ist. Für die Frage globaler Governanz und der Genese globaler Suprastrukturen ist der Fall WTO vor allem aufgrund seiner Verfahren der Streitschlichtung (»Dispute Settlement Understanding«, DSU) aufschlussreich. Kommt es zwischen Mitgliedern der WTO über die Frage von Handelshemmnissen zum Streit, dann entscheiden in erster Instanz speziell eingerichtete Gremien von Experten, so genannte »Panels«. Die Entscheidung eines Panel kann vor einer Berufungsinstanz, dem »Appellate Body«, angefochten werden. Die Entscheidungen dieser Instanz sind endgültig. Das Verfahren des DSU ist zwar nach einem juristischen Muster gestrickt und wie ein Gerichtsprozess organisiert, aber der Witz des Verfahrens liegt darin, dass es primär nicht um juristische Fragen geht, sondern um Fragen von *Wissen und Nichtwissen*.

Die WTO steht heute beispielhaft dafür, dass scheinbar entfernte und entrückte globale Institutionen direkte und spürbare Auswirkungen auf Organisationen und Akteure haben, welche dies zum Teil noch gar nicht wahrnehmen. Die Regeln und Regelungen der WTO wirken sich nicht nur auf große Unternehmen, sondern deutlich auch auf mittelständische Firmen aus, denn im internationalen Wirtschaftsverkehr außerhalb der EU gilt das Recht der WTO. Da inzwischen auch kleinere und mittlere Unternehmen (KMUs) etwa im Einkauf, im Vertrieb und in Fragen des geistigen Eigentums global denken müssen, und dies mit der weiteren Verbreitung von internetbasierten Transaktionen auch tatsächlich tun, sind sie von den Regelungen der WTO unmittelbar betroffen. Zwar können nicht Firmen, sondern nur Staaten Verfahren vor der WTO anstrengen, aber innerhalb der EU ist dieser Grundsatz faktisch mit der EU-Verordnung über Handelshemmnisse außer Kraft gesetzt. Denn danach können einzelne Unternehmen oder Verbände erreichen, dass die EU-Kommission bei Verstößen eines Drittstaates gegen WTO-Recht eine Untersuchung einleitet und mithin bei Verstößen erzwingen, dass die EU bei der WTO gegen einen Drittstaat ein Verfahren einleitet (Berrisch 1999).

Auch an diesem Beispiel erweist sich, dass faktische Globalisierung nicht nur durch geplante Strategien einzelner Akteure vorangetrieben wird, sondern stärker noch durch das von keinem einzelnen Akteur mehr beherrschte und beherrschbare Zusammenspiel ganz unterschiedlicher institutioneller Kontexte. Indem diese aufeinander verweisen und in ihren Regeln aufeinander Bezug nehmen, entstehen verflochtene institutionelle Tiefenstrukturen, die Entscheidungskalküle und Strategieoptionen neu gewichten. Für die Akteure auf der Oberfläche, etwa lokale Organisationen oder mittelständische Firmen, entstehen neue und oft undurchschaute Abhängigkeiten *und* Handlungsoptionen, die in ihren Kosten und Nutzen radikal von der Fähigkeit abhängen, mit den Regelungen und den institutionellen Kontexten umgehen zu können.

Ein zentraler Streitpunkt in den Verhandlungen der zweiten GATT-Runde über das Procedere der Streitschlichtungsverfahren der WTO betraf die Frage, ob und unter welchen Bedingungen Sprüche der Panels vom Plenum zu übernehmen seien. Gegen eine automatische Übernahme sträubte sich vor allem die EU, weil sie befürchtete, dass dies nicht mit den internen Entscheidungsregeln der EU, vor allem denen der Kommission, zusammenpassen würde. Die USA hatten eher Bedenken gegen eine Einstimmigkeitsregel für die Übernahme, weil sie die darin implizierte Möglichkeit der Blockierung von Entscheidungen fürchteten. Letztlich einigte man sich nach einigen Jahren Verhandlung auf eine bemerkenswert phantasiereiche Lösung: Der WTO-Rat (»Council«) muss im Streitfall auf Antrag ein Panel einrichten, es sei denn, er weist dieses Verlangen einstimmig zurück (umgekehrtes Einstimmigkeitsprinzip). Auch einigte man sich (2) auf einen weitgehenden Automatismus der Übernahme der Entscheidungen der Panel – allerdings wiederum mit der Einschränkung, dass diese mit einer einstimmigen Entscheidung des Rates zurückgewiesen werden können (Stiles 1995: 28 u. 32).

Auch für die Berufungsinstanz des »Appellate Body« ließ sich eine vergleichbare Regelung finden. Er besteht aus sieben Experten, von denen jeweils drei einen Berufungsfall entscheiden, der von einer der Streitparteien vorgebracht wird. Die Berufungsinstanz ist, ähnlich wie etwa die deutschen Revisionsgerichte, auf die Überprüfung und Interpretation der Rechtsregeln beschränkt. Die Entscheidungen des »Appellate Body« sind bindend, es sei denn, der Rat weist sie einstimmig zurück.

Der Sinn dieser Verfahrensregel erschließt sich nicht auf den ersten Blick. Materiell ist sie nicht von großer Relevanz, weil eine einstimmige Zurückweisung in der Praxis kaum vorkommen dürfte und darüber hinaus eine grobe Desavouierung des »Appellate Body« darstellen würde. Dafür ist die symbolische Bedeutung der Regel umso gewichtiger. Sie gibt formal dem Souverän die letzte Entscheidungskompetenz zurück, nachdem er sie zuvor qua Verfahrensordnung an Experten abgegeben hat. Zum einen reflektiert die Regel, dass es keine brauchbare Alternative dazu gibt, in den hochkomplexen Problemkonstellationen des

GATT-Rechts Fachexperten einzuschalten, um normatives Entscheiden mit einem kognitiven Entscheidungsstil zu unterlegen.

Darin spiegelt sich die allgemeinere Umstellung von einem normativen auf einen kognitiven Entscheidungsstil in komplexen, wissensbasierten Entscheidungslagen. Dies gilt auch für die entwickelten nationalen Rechtssysteme, die in immer weiteren Bereichen darauf angewiesen sind, Experten in den richterlichen Entscheidungsprozess einzubinden – ohne dass die Letztentscheidung den Richtern ganz aus den Händen genommen würde. Zum anderen macht die Regel deutlich, dass der Aufbau eines globalen Steuerungsregimes des Welthandels (als Avantgarde der Weltwirtschaft) das grundlegende Dilemma abzuarbeiten hat, dass die Nationalstaaten als verwundete Akteure, die wissen, dass sie Rückzugsgefechte kämpfen, sich trotzig und mit dem Stolz der Verlierer an ihre formalen Rechte klammern, um wenigstens im Feld der symbolischen Politik noch den Mythos ihrer Souveränität zu zelebrieren.

Die USA, die besonders unter diesem Syndrom einer ›gulliverischen‹ Weltmacht leiden, von einem Heer von Zwergen mit Tausenden von Stricken an den Boden weltökonomischer Tatsachen angepflockt zu sein, haben ein ganzes Institutionenarrangement aufgebaut, um zumindest formal die Möglichkeit zu haben, Entscheidungen der WTO und ihrer Streitschlichtungseinrichtungen zurückzuweisen. Der Kongress schuf eine eigene »WTO Dispute Settlement Review Commission« mit fünf Richtern, welche Entscheidungen, die sich gegen die USA richten, darauf zu prüfen haben, »whether the panel exceeded its authority and acted outside the scope of the agreement« (ebd.: 39).

Allerdings ist dieser Aufwand eher bezeichnend dafür, wie unumgänglich eine Übergangszeit symbolischer Selbstvergewisserung der nationalen Politikakteure beim Eintritt in die Phase der Formierung globaler Regime der Selbststeuerung ist, als charakteristisch dafür, dass sie sich mit Hilfskonstruktionen tatsächlich einer Einbindung in globale Kontexte entziehen könnten: »The reservations, taken together, represent little more in substance than a palliative for nativistic elements in Congress« (ebd.).

Hinter den Fragen nach Qualität und Folgen, Legitimität und

Überzeugungskraft des Streitschlichtungsverfahrens steckt eines der kritischsten Probleme der Bedingungen der Möglichkeit von globaler Governanz und damit der Funktionsweise und Leistungsfähigkeit globaler Steuerungsregime. Das Streitschlichtungsverfahren kompensiert das Fehlen einer globalen Judikative als Zweig eines politischen Systems, das in der Lage wäre, kollektiv verbindliche Entscheidungen zu fällen und durchzusetzen. Da es bislang solche Durchsetzungsmöglichkeiten im Welthandelssystem nicht gibt, bleibt nur die prekäre Konstruktion von Institutionen, die über plausible Verfahren eine im Prinzip freiwillige Selbstbindung der beteiligten und betroffenen Akteure erreichen. Zum Schwur kommt es dann, wenn es nicht mehr um eher belanglose Routineprobleme geht, sondern um grundsätzliche Konflikte, bei denen sich die Interessen der Konfliktpartner unvereinbar gegenüberstehen.

Zwei solcher Konflikte stellen seit einigen Jahren die Mechanismen der Streitschlichtung der WTO auf eine Zerreißprobe. Bezeichnenderweise spielen beide Konflikte nicht zwischen Erster und Dritter Welt, sondern zwischen den beiden mächtigsten Handelsblöcken, den USA und der EU, und ebenso bezeichnend geht es in beiden Fällen um Agrarprodukte. Im eher kuriosen Fall des »Bananenkonflikts« kristallisiert sich der Streit nicht so sehr an inhaltlichen Fragen, sondern an dem möglicherweise brisanteren Problem der Auslegung von Verfahrensregeln des DSU. Im »Hormonstreit« steht die eher grundsätzliche Frage im Vordergrund, ob und unter welchen Bedingungen die USA Fleisch in die EU exportieren dürfen, das mit Wachstumshormonen behandelt wurde.

Immerhin gibt es die ersten nationalen Gerichtsentscheidungen innerhalb der EU, die auf der Grundlage von GATT-Regeln die geltende EU-Bananenmarktordnung für rechtswidrig halten (Finanzgericht Hamburg, Az. IV 132/99) und den Schiedssprüchen der WTO höheren Rang einräumen als der EU-Regelung. Sollten derartige Entscheidungen vor den Instanzgerichten, letztlich vor dem Bundesverfassungsgericht und dem Europäischen Gerichtshof Bestand haben, dann hätte sich definitiv ein »global law without a state« (Teubner 1997) etabliert.

Der Hormonkonflikt ist zukunftsträchtig und potentiell wegweisend, weil er die Chancen und Risiken der Verschiebung von Konfliktlösungsprozeduren von normativ-formalen auf kognitiv-wissenschaftliche Kriterien exponiert. Die beiden streitenden Parteien, die USA und die durch die Kommission vertretene EU, beteuern – insbesondere nach den Erfahrungen im Bananen-streit – einhellig, dass sie sich an die Verfahrensregeln des DSU halten wollen. Strittig ist dagegen eine inhaltliche Frage, die nur wissenschaftlich zu klären ist – was immer dann in einem solchen Kontext »wissenschaftlich« heißen kann.

Bereits die Vereinbarungen der Uruguay-Runde dehnten die vom GATT erfassten Regeln auf nicht-tarifliche Handelshemm-nisse und »trade-related investment measures« sowie auf Dienst-leistungen (»General Agreement on Trade in Services«, GATS) aus. Damit ist der Beginn einer Liberalisierung in den wirtschaft-lich und technologisch gewichtigen Bereichen Telekommunika-tionsdienstleistungen, Finanzdienstleistungen und Informa-tionstechnologie gemacht (Ruggiero 1999: 17). Artikel 24 des GATT-Abkommens sorgt hierbei dafür, dass Liberalisierungen nicht auf einzelne Partnerschaften oder Blöcke beschränkt sind. Außerhalb der weiterhin möglichen Zollunionen oder Freihan-delszonen gibt es mit der MFN-Klausel (»most favoured nation«) eine Art Allgemeinverbindlichkeitserklärung der Aufhebung oder Reduzierung von Zoll- oder Importbarrieren auf alle WTO-Mitglieder, wenn solche Vereinbarungen mit nur einem Mit-glied geschlossen wurden.

Im Vorfeld der gegenwärtigen Doha-Verhandlungsrunde heiz-te sich die Auseinandersetzung um die Agenda der diese Runde vorbereitenden und vorentscheidenden Minister-Konferenz der WTO in Seattle Ende 1999 so weit auf, dass es zu massiven und teilweise gewalttätigen Protesten kam. Kernfragen waren und sind, wie weitgehend sich die Mitglieder verpflichten, die Libera-lisierung der Agrar- und Dienstleistungssektoren voranzutreiben, welche Schutzregeln für Auslandsinvestitionen vereinbart wer-den sollen, welche Hilfsprogramme für die am wenigsten entwi-ckelten Länder vorzusehen seien und welche globalen Regeln für den elektronischen Handel gelten sollen. Weitreichenden Dis-sens gibt es nach wie vor zu den Fragen, ob Umweltschutz und soziale und arbeitsrechtliche Mindeststandards zu den legitimen

Aufgaben der WTO gehören oder ob sie außerhalb ihrer Zuständigkeit liegen sollen. Der erste Präsident der WTO, Renato Ruggiero, hatte eine klare Position: »The mandate of the WTO is trade. [...] Clearly, the WTO cannot be expected to be the global policeman in every international dispute« (Ruggiero 1999: 19).

Damit verstärkt sich der Eindruck, dass die neue Dreifaltigkeit von Weltbank, IMF und WTO das Kernstück einer Suprastruktur globaler Governanz ausmachen, in der die Liberalisierung des globalen Finanzsystems und des Welthandels den Machtverlust der Nationalstaaten zementieren (Eichengreen 1999). Auch wenn dieser Eindruck im Großen und Ganzen zuträfe, bliebe die wichtigere Frage, welche Alternativen einer Welt offen stehen, die ohne Weltregierung und ohne verbindlich entscheidende globale Institutionen auskommen muss und dennoch ihr Schicksal nicht bloßer Evolution, bloßem Durchwursteln ausliefern möchte.

Aus dem ungesteuerten Zusammenspiel von Evolution und Steuerung formen sich in der Überwindung hegemonialer internationaler Regime (Calleo 1987; Keohane 1984) kompliziertere und gewagtere Architekturen der Abstimmung divergierender Interessen im Kontext globaler Interdependenz. Posthegemoniale Regime entstehen nach dem Ende der Ost-West-Konsolidierung, weil aus einer geordneten Kooperation von Konkurrenten nach Meinung einer ausreichenden Zahl von Akteuren ein Mehrwert entsteht, der ohne solche Regime nicht zu haben ist. Bereits für die internationalen Regime der 1980er Jahre konstatierte Robert Keohane: »Like imperfect markets, world politics is characterized by institutional deficiencies that inhibit mutually advantageous coordination« (Keohane 1983: 151).

Indem Steuerungsregime ein Regelsystem für geordnete Kooperation und geordnete Verfahren der Konfliktlösung bereitstellen, schaffen sie eine Basis für die Kristallisation von Vertrauen als zentrale Ressource für die Stabilisierung von Netzwerken, in denen positive Koordination eine Chance hat. Zudem schaffen sie die Bedingungen für die Möglichkeit eines gemeinsamen Nutzens, indem sie gegenüber Marktlösungen oder ad-hoc-Koordinationen die Transaktionskosten umso mehr reduzieren, wie die Regeln zur Routine werden. Schließlich bieten sie den häufig unterschätzten oder gar ganz übersehenen Vorteil, dass sie institutionelles Lernen ermöglichen, indem die Genese und Revision der Regelsysteme Erfahrungen speichert, die aus der Praxis gemeinsamer Kooperation, Konkurrenz und Konfliktregulierung resultieren.

Tatsächlich entsteht mit den neuen Steuerungsregimen ein neues, noch prekäres Gefüge von Macht, Einfluss, Expertise und Legitimität, in dem die territorial begrenzten Nationalstaaten zwar noch eine gewichtige Rolle spielen, zunehmend aber globale Institutionen, Nichtregierungsorganisationen, korporative ›Global Players‹ und hybride Regulierungsinstanzen die Nationalstaaten und die Nationalökonomien mit einem Netz von Vorentscheidungen, Entscheidungsprämissen, Entscheidungsoptionen und wissensbasierten Entscheidungskompetenzen überziehen, so dass das Leben für diejenigen Unternehmen schwer wird, die sich in diesem Labyrinth nicht mehr auskennen.

Wichtiger noch erscheint, dass die WTO als globale Institution eine Vorreiterrolle in der Wissensbasierung global relevanter Entscheidungen spielt. Die von Luhmann früh diagnostizierte Umstellung von einem normativen auf einen kognitiven Stil der Entscheidungsfindung als Grundlage einer sich ausbildenden Weltgesellschaft scheint sich hier zu bestätigen. Allerdings reicht eine Institution für derart weitgehende Schlussfolgerungen sicher nicht aus. Betrachten wir daher weitere Einrichtungen globaler Governanz.

2. Der Fall BIZ

Die in Basel sitzende »Bank für internationalen Zahlungsausgleich« – in der die 13 wichtigsten Zentralbanken der Welt zusammengeschlossen sind – soll hier nicht umfassend ins Bild kommen, sondern nur in einem speziellen Aspekt: als Träger des »Basler Ausschusses«, der mit dem Regelwerk »Basel II« eine global relevante und folgenreiche Standardisierung der Eigenkapitalausstattung von Banken und anderen Finanzinstituten anvisiert. Eigenkapitalausstattung meint den Prozentsatz an eigenem Kapital, das eine Bank aufbringen muss, um ihre Verbindlichkeiten (Kredite) mit einem Gegengewicht an eigenem Einsatz und eigener Haftung zu versehen.

Nach einer Reihe aufsehenerregender Fehlspekulationen und Zusammenbrüche hatte bereits 1993 die »Group of Thirty«, ein privater Zusammenschluss global agierender Banken, eine stark beachtete Studie über Derivate und ihre Risiken veröffentlicht und Empfehlungen für adäquate Geschäftsmodelle gegeben. Bereits ein Jahr später reagierte der quasi-öffentliche »Basler Ausschuss für Bankenaufsicht« mit Empfehlungen für »Risk Management Guidelines for Derivatives«, und im Oktober 1995 gab (in Deutschland) das Bundesaufsichtsamt für das Kreditwesen seine »Verlautbarungen über Mindestanforderungen an das Betreiben von Handelsgeschäften der Kreditinstitute« heraus, welche den Banken Leitlinien für eine koordinierte Selbststeuerung an die Hand gab (Reinicke 1998: 102; Strulik 2000: Kap. 3.2). Der Basler Ausschuss versteht sich als informelles Organ der Selbststeuerung und Selbstkontrolle des Bankensystems. Ebenfalls im Jahr 1994 wurde die IOSCO als Organisation der Selbststeuerung des Wertpapierbereiches gegründet. Im Juni 2004 verabschiedete der Basler Ausschuss die Leitlinien »Basel II«, die einen mehrjährigen Konsultationsprozess durchlaufen und (nach Plan) Anfang 2006 gelten sollen.

Mehrere Institutionen des globalen Finanzsystems wie der Basler Ausschuss, die »International Organization of Securities Commissions« (IOSCO) in Montreal, die Weltbank, der Internationale Währungsfond (IWF), die »Group of Thirty«, das »Institute of International Finance« (IIF), die U.S. Federal Reserve Bank und einige andere nationale Aufsichtsbehörden und Gesetzgeber bilden ein globales Netz öffentlicher, privater und privat-öffentlicher Einrichtungen, die über eine kritische Masse an Expertise verfügen, um eine gewisse Steuerung des globalen Finanzsystems zu erreichen, auch wenn die Steuerungsmodelle erst ganz am Anfang ihrer Entwicklung stehen. Die Kernidee dieses auf globale Reichweite zielenden Zusammenspiels nationaler und transnationaler Einrichtungen besteht darin, den wachsenden Ungewissheiten eines global vernetzten Finanzsystems ausgereiftere und dynamischere Modelle des Umgangs mit Risiken – *Risikomodelle* – gegenüberzustellen, um die Risiken notwendiger Ignoranz mit der Expertise bewährter Erwartungskalküle in einen durchdachten Zusammenhang zu bringen.

Beispielhaft sind an diesem Prozess die Elemente eines neuen globalen Steuerungsregime im Finanzsystem erkennbar. In einem vielschichtigen Wechselspiel zwischen privaten, öffentlichen und quasi-öffentlichen Akteuren auf globaler, transnationaler, nationaler und lokaler Ebene bilden sich Mechanismen der geordneten Verschränkung von Kontextsteuerung und Selbststeuerung heraus, die kein einzelner Akteur beherrscht oder diktiert und die vor keinem Gericht verbindlich einklagbar sind. Dennoch erzwingt die geteilte Einsicht der relevanten Akteure des globalen Finanzsystems in die Notwendigkeit einer Anpassung des Steuerungsregimes an neue Bedingungen jenen Problemdruck, der eine kollektive Selbstbindung ermöglicht. Ein Beobachter der Entwicklung des Basler Abkommens beschrieb dies so:

»It is not the technicalities that are important here, but the recognition that the world's finance is no longer carried on by separate national banking systems dealing with each other at arms' length. It is dominated by multinational institutions that will soon have grown entirely beyond the reach of country-by-country regulation, unless the world's regulators can get together to enforce these kinds of rules« (Reinicke 1998: 112f.).

Der innovative Kern von »Basel II« besteht in einem »supervisory review process«, der das Verhältnis zwischen Banken und Regulierungsbehörden auf eine neue Basis stellt. Im Vordergrund steht nicht mehr Kontrolle, sondern ein kognitiv geleiteter Abstimmungsprozess, in dem die Expertise beider Seiten zur Geltung kommen kann. Die Banken können mit eigenen Risikomodellen arbeiten, die ihrer Geschäftsidee angemessen sind. Allerdings stehen die Risikomodelle auf dem Prüfstand und müssen gegenüber den Regulierungsbehörden plausibel begründet werden. Einige Beobachter erwarten und fordern, dass sich dieser »cognitive turn« der Aufsicht und Regulierung des Finanzsystems zukünftig noch verstärkt und für ein kommendes »Basel III« zum neuen Paradigma der Regulierung reift (Schulte-Herbrüggen 2004).

Neben der WTO ist die BIZ eine weitere globale Institution,

die ihre Steuerungsaufgaben primär in einem kognitiven Paradigma leistet, also primär mit den Ressourcen Wissen und Expertise im Umgang mit Nichtwissen arbeitet. Demgegenüber beruht die Politik des klassischen Nationalstaates immer noch vorrangig auf der Ressource Macht, und sie arbeitet hauptsächlich mit dem Instrument des autoritativ verbindlichen Gesetzes.

Die beobachtete kognitive Wende soll nicht so verstanden werden, dass nun über kurz oder lang die Komponente kollektiv verbindlicher, machtgestützter Entscheidungen in der Steuerung komplexer Sozialsysteme wegfallen würde zugunsten einer Steuerung durch Wissen. Aber es findet doch eine bemerkenswerte Verlagerung statt. Wissen (und ein entsprechender Umgang mit Nichtwissen) werden immer stärkere Faktoren, welche die Entscheidungsprozesse formen und die Entscheidungen prägen. Das Finanzsystem zeigt besonders klar, warum dies so ist. Es ergibt einfach keinen Sinn, in bestimmten Sachfragen über das Medium der Macht zu entscheiden: etwa bei Fragen der Angemessenheit von Risikomodellen, der Unterscheidung von Risikotypen, der Zulassung von Derivaten oder strukturierten Finanzinstrumenten (Kreditprodukten), der Brauchbarkeit von Anlagestrategien oder Absicherungsmodi etc.

Komplexe strukturierte Kreditprodukte oder Finanztransaktionen sind in der Regel durch vier Komponenten der kognitiven Unterfütterung gekennzeichnet. Diese Komponenten belegen den engen Zusammenhang von Expertise, Nichtwissen und Risiken, die mit derartigen Transaktionen verbunden sind. Zugleich geben sie einen Eindruck davon, wie massiv sich die Bedingungen für eine Steuerbarkeit des globalen Finanzsystems verschlechtern und welcher Aufwand an Expertise und Gegenwissen erforderlich ist, um ein Minimum an Steuerbarkeit und Transparenz zu erreichen (siehe dazu die Gegenüberstellung in Tabelle 4).

Tabelle 4: Die kognitive Wende bei der Genese
strukturierter Finanzprodukte

Das Produkt ist auf die spezifischen Bedürfnisse des Kunden/Klienten zugeschnitten und kein Standardprodukt;	Standardverfahren und -prüfoperationen reichen nicht mehr aus.
Kreation und Individualisierung des Produkts erfordern das Zusammenspiel von Experten (immer auch: Expertinnen) unterschiedlicher Disziplinen; entsprechend teuer sind die Produkte;	Steuerung verlangt eine entsprechende Transdisziplinarität von Aufsicht und Regulierung.
Kreation und Ausrichtung des Produkts beziehen sich auf spezifische Absichten und Interessen des Kunden/Klienten, die ökonomische, steuerrechtliche, bilanztechnische oder andere sein können;	Steuerung verlangt eine entsprechende Transdisziplinarität von Aufsicht und Regulierung.
Damit erzeugen die Produktion und der Einsatz dieser Produkte beim Hersteller (Finanzinstitution) verschiedene Arten von Risiken – Marktrisiken, Kreditrisiken, operationale und rechtliche Risiken, Reputationsrisiken etc. –, die für alle Betroffenen schwer zu durchschauen sind, weil sie sich erst in einem Zusammenspiel vieler Akteure und Organisationen materialisieren oder vermieden werden können (Schmidt Bies 2004: 2).	Auch hinsichtlich Regulierung und Aufsicht müssen verschiedene Institutionen und Instanzen zusammen wirken – was den Usancen öffentlicher Ämter widerspricht. Allerdings zielt der von »Basel II« eingerichtete »regulatory review process« in die richtige Richtung.

Die beste Absicherung für beide Seiten im »regulatory review process« in all diese Fällen ist der Abgleich unterschiedlicher wissensbasierter Perspektiven und die Fähigkeit, aus Krisen, Fehlern und Erfahrungen schnell zu lernen. Ein Beispiel dafür ist die Definition von »operational risks«, einem wichtigen Risikotyp, gegen den sich Finanzeinrichtungen absichern müssen. Nach langwierigen Vorarbeiten der unterschiedlichsten Organisationen definierte »Basel II« im Jahre 2001 den Begriff des operationalen Risikos als »risk of direct or indirect loss resulting from inadequate or failed internal processes, people and systems or from external events« (Basel Committee on Banking Supervision 2001: 6). Dies verweist zum einen auf interne Prozesse und die von Mitarbeitern verursachten Risiken. Es liegt auf der Hand, dass eine externe Aufsicht keinerlei Einblick in diese Faktoren erhält, wenn es eine Bank darauf anlegt. Es erscheint klüger und besser, die Bank diese Risiken selbst einschätzen und entsprechende Maßnahmen durchführen zu lassen – zumal sie ein eigenes Interesse daran hat, dort Risiken auszuschließen.

Zum anderen liegt die Krux der operationalen Risiken darin, den erwarteten Verlust (»expected loss«) zu bestimmen, der durch einen der Risikofaktoren entstehen könnte. Auch hier erscheint es vernünftig, die Berechnung erwarteter Verluste in einem kognitiv orientierten, also lernbereiten Diskurs zwischen Aufsicht und Bank zu entwickeln, anstatt diese Bestimmung autoritativ vorzugeben (aufschlussreich dazu Power 2003).

Die kognitive Wende in der Bankenaufsicht, die von »Basel II« ausgeht, schlägt auch auf angrenzende Bereiche durch und belegt damit einen grundlegenderen Wandel des Steuerungsmodus in hochkomplexen, intransparenten Problemkonstellationen. So zeigt die Reform des britischen Pensionsfond-Gesetzes (»Pension Act«) in eine entsprechende Richtung. Für die anglo-amerikanischen Systeme der Alterssicherung sind Pensionsfonds von größter Bedeutung. Eine intensive Aufsicht sorgt zusammen mit den jeweiligen Aufsichtsräten (»board of trustees«) für ›sichere‹ Anlagestrategien. Im Jahre 2004 wurde der bisherige »minimum funding requirement« (MFR) durch neue Regeln für die Sicherung der Zahlungsfähigkeit ersetzt, der »statutory funding objective« (SFO). Wichtig daran ist der veränderte Steuerungsmodus: »Where the MFR applies a highly *prescriptive* range of assumptions, the SFO is more *flexible* – hence the need for prudence« (Harrison 2005, Hervorhebung H.W.).

Insgesamt gilt für die Steuerung des globalen Finanzsystems, was Julia Black so formuliert: »No single actor can hope to dominate the regulatory process unilaterally as all actors can be severely restricted in reaching their own objectives not just by limitations in their own knowledge but also by the autonomy of others.«

(Black 2002: 5) Sie bezeichnet die beiden Kernelemente: die spezialisierte Expertise der Akteure und ihre Unabhängigkeit aufgrund der funktionalen Differenzierung, die gemäß einer horizontalen Subsidiarität verlangt, dass jeder Akteur vorrangig selbst für seinen Bereich und sein Feld von Expertise zuständig ist.

3. GLOBALE RATING-AGENTUREN

Eine exemplarischer und in mancher Hinsicht besonders problematischer Fall globaler Governanz versteckt sich hinter dem harmlos erscheinenden Titel »Rating-Agenturen«. Sie sind als Wirtschaftsunternehmen Mitte des 19. Jahrhunderts beim Bau der großen amerikanischen Eisenbahnlinien entstanden. Die Bahnlinien wurden von englischen Investoren finanziert, die sich allerdings nicht vor Ort über Bonität und Seriosität der Baufirmen informieren konnten. Diese Dienste der Beurteilung und Bewertung übernahmen die Rating-Agenturen.

Die neuen Formen des Zusammenspiels von Banken, Regulierungsbehörden und privaten Institutionen wie den Rating-Agenturen kommen nicht von ungefähr. Sie reflektieren tief greifende Veränderung der Funktion der Banken in den nationalen und transnationalen Finanzsystemen. Traditionellerweise übernehmen die Banken die Rolle des Mittelmannes oder »Intermediärs« zwischen vielen vereinzelten Geldgebern (Sparern) und Geldsuchern (Kreditnehmern). Die Banken übernehmen die Entscheidung über Kreditvergaben und müssen im Regelfall für nicht zurückbezahlte Kredite das Risiko übernehmen, also einstehen. Die Kosten dieser Intermediatisierung – welche die Banken auf die Kreditzinsen aufschlagen – sind hoch, weil sie neben den sonstigen Transaktionskosten noch die Kosten der spezifischen Expertise umfassen, welche den Banken eine brauchbare Einschätzung ihrer Risiken ermöglicht.

Mit der Deregulierung, Ausweitung und Dynamisierung der Finanzmärkte in den 1980er und 1990er Jahren sehen sich die Banken einem massiven Prozess der »Desintermediatisierung« ausgesetzt. Damit ist gemeint, dass die Funktion der Banken als

Mittelsmänner zunehmend ausgespart und überflüssig wird, weil sich auf beiden Seiten des Kreditgeschäfts direktere, schnellere und kostengünstigere Alternativen entwickeln. So bringen Sparer, vor allem in den USA und zögerlicher auch in Europa und Japan, ihr Geld nicht mehr für verhältnismäßig bescheidene Zinsen zur Bank, sondern sie investieren als Anleger in Fonds. Sie erwarten nicht mehr Sparzinsen, sondern Rendite für Kapitalinvestitionen. Das Anlagevermögen der unterschiedlichen Fonds (»mutual funds«), vor allem der Pensionsfonds, ist in den USA heute deutlich höher als dasjenige der Banken insgesamt. Es hat sich allein zwischen 1995 und 2000 von drei auf sechs Billionen (Tausend Milliarden) Dollar verdoppelt. Gleichzeitig stieg der Handel mit Finanzderivaten in unvorstellbar gewordene Größenordnungen: im Jahre 1996 von 27 Billionen Dollar auf 34 Billionen, davon rund 24 Billionen im besonders kritischen, weil bilanzunwirksamen, außerbörslichen »Over-the-counter«-Markt (Das Parlament Nr. 36-37 vom 5.9.1997: 3). In der zweiten Jahreshälfte 2004 ergab sich gegenüber dem Vorjahr eine Steigerung des Volumens des »Over-the counter«-Marktes mit Derivaten von 12,8 Prozent zu einem Gesamtschuldenstand von 248 Trillionen Dollar (www.bis.org, Abfrage vom 13.12.2005).

Diese Desintermediatisierung setzt ihrerseits eine Dynamik in Gang, welche die nationalen und globalen Geld- und Finanzmärkte verflüssigt, indem sie die Fonds zu einer flexiblen, nervösen und rastlosen Suche nach optimalen Investitionsmöglichkeiten antreibt. (Hier gilt die »Heuschrecken«-Metapher.) Den in ihren Traditionen und Grundsätzen nach eher risikoaversen Banken standen beinahe über Nacht und ohne Vorwarnung eher risikofreudige Investitionsfonds, Hedgefonds etc. gegenüber und forderten die Banken in ihrem Kerngeschäft heraus. Inzwischen passen sich die Banken mit Nachdruck der neuen Situation an und sind selbst mit ihren Investmentabteilungen und Investmentbanken als Finanzkonglomerate aktive Teile des globalen Finanzsystems. Sie verstärken damit den Trend zur Desintermediatisierung und »securitization«, zur Aufspreizung von Risiken durch Derivative und Hedging-Strategien.

Problematisch wird dabei das Risikomanagement der Banken. Konnten Sparer und Anleger bislang davon ausgehen, dass die

Banken im eigenen Interesse nur überschaubare Risiken eingehen und dabei auf ihr gewachsenes »lokales« Wissen zurückgreifen, so hat sich die Situation mit der Dominanz überregionaler und globaler Investmentfonds tief greifend geändert. Die Banken werden in einen Interessenkonflikt zwischen ihrem Eigeninteresse an riskanten Investitionsstrategien und dem Interesse ihrer Anleger an »Sicherheit« hineingezogen. Insbesondere die Investmentbanken und ihre Analysehäuser stehen in Gefahr, im eigenen Interesse an großen Kunden oder Emittenten deren Entwicklungspotential zu optimistisch einzuschätzen. Sogar die ganz Großen, »Goldman Sachs« und »Merrill Lynch«, mussten beispielsweise im Fall der US-Börseneinführung von SAP diesen Vorwurf hören.

Die Banken versuchen, diese Interessenkollision durch elaborierte Formen der Selbstkontrolle und Kontextsteuerung zu entschärfen. Dennoch bleibt die Frage, inwieweit sie zu uneigennützigen und distanzierten Einschätzungen in ihren Aktienanalysen und in ihrer eigenen Risikoexponierung in der Lage sind. Woher bekommen Investoren solche Einschätzungen, wenn sie selbst über die dafür erforderliche Expertise nicht verfügen, und wenn sie den Banken als eigeninteressierten Akteuren nicht mehr hinreichend vertrauen?

Diese Frage bringt eine alte Institution in einer neuen Brisanz ins Spiel: die Rating-Agenturen. Die »credit-rating agencies« sind die im globalen Maßstab etablierten, faktisch offiziellen und anerkannten Einrichtungen der Bewertung der Kreditwürdigkeit (Bonität) von Organisationen, Institutionen und Ländern. Sie bilden die oberste, einflussreichste und problematischste Ebene der Finanzdienstleistungshierarchie. Das Rating-Geschäft wurde lange von dem Duopol zweier amerikanischer Agenturen beherrscht, »Moody's Investors Service« (Moody's) und »Standard & Poor's Ratings Group« (S&P). Aus Mergern zwischen europäischen und amerikanischen Rating-Firmen ist inzwischen »Fitch Ratings« als entfernter dritter Spieler nach den beiden Großen der Branche entstanden. Die Nachfrage nach Ratings nimmt global zu. Auf dem US-amerikanischen Kapitalmarkt verfügen bereits über 98 Prozent aller Corporate Bonds über ein Rating. Auch im europäischen Markt können Commercial Papers ohne eine Bewertung durch ein Rating nur noch ausnahmsweise platziert werden. Weltweit waren 1970 weniger als 1000 Emittenten von Moody's bewertet; im Jahre 2000 waren es bereits über 9000 (Basler Ausschuss für Bankenaufsicht 2000: 21).

Bemerkenswert ist, dass beide Weltmarktführer Informationskonzernen gehören: Moody's gehört »Dun & Bradstreet«, S&P ist ein Teil der Verlagsfirma »McGraw-Hill«. Es ist damit das am stärksten oligopolisierte und konzentrierte Element des globalen Finanzsystems. Nur die drei Großen der globalen Investmentbanken, »Morgan Stanley Dean Witter«, »Merrill Lynch« und »Goldman Sachs« bilden ein ähnlich konzentriertes Oligopol innerhalb des Finanzsystems; und die vier großen Nachrichtenagenturen (»Reuters«, AP, UPI und AFP) ein entsprechendes Oligopol im Bereich globaler Produktion und Verbreitung von Nachrichten.

Jede der drei großen Rating-Agenturen beurteilt eine Schuldensumme von mehreren Billionen Dollar. Gewöhnlich werden die Marktführer nur auf Antrag und Kosten der zu beurteilenden Firmen tätig. Moody's und (seit 1996) auch S&P fertigen aber je etwa zehn Prozent der Ratings als »öffentliche Information« oder »unsolicited rating« an. In Deutschland waren Ratings (jedenfalls für Emittenten) bis 1991 nicht so dringlich, weil alle Emissionen einem staatlichen Genehmigungsvorbehalt unterlagen und Investoren daraus schlossen, dass genehmigte Emissionen ›geprüft‹ waren und zumindest gewissen Mindestsicherheiten boten. Mit der Aufhebung dieser Genehmigungspflicht 1991 entstand ein »credibility gap«, der von Rating-Agenturen und den Research-Häusern der Investmentbanken ausgefüllt wird.

Im Zusammenhang mit den Aktivitäten des Basler Ausschusses bilden sich nun auch in Europa Rating-Agenturen und versuchen, auf dem Markt Fuß zu fassen (Willke/Strulik 2002). Diese regionalen Agenturen können den Großen noch in keiner Hinsicht das Wasser reichen. Sie verändern das Oligopol der vier dominanten Spieler nicht im Geringsten. Aber sie machen die ökonomische Bedeutung von Rating-Verfahren und Rating-Ergebnissen nun auch für kleinere und mittlere Unternehmen (KMUs) deutlich. Sie verändern deren betriebswirtschaftliche Logik, indem sie die KMUs auf dem Feld der Refinanzierung direkt (und indirekt in daraus abgeleiteten Feldern) den Zwängen der Globalisierungsdynamik aussetzen.

Rating ist ein global anerkanntes vergleichendes Instrument, welches nicht nur quantitative, sondern auch qualitative Daten nutzt, insbesondere Einschätzungen der Wettbewerbslage, der Ertragskraft, der Finanzstruktur, der Vermögenswerte, der Managementqualität und der strategischen Ausrichtung einer Organisation. Die Einstufung einer Organisation oder Einrichtung im Rating-System drückt die Einschätzung der Agenturen darüber aus, mit welcher Bonität und mit welchem Risiko ein Schuldner fähig sein wird, seine Verpflichtungen aus der Aufnahme von Fremdkapital (für die Laufzeit dieser Schulden) zu erfüllen. Das Rating kann sich auf sehr unterschiedliche Objekte beziehen, im Vordergrund stehen aber Schuldtitel und Anleihen (»Bond-Rating«), Aktien (»Stock-Rating«) sowie Geldinstitute und Geldmarktfonds. Empirische Untersuchungen bestätigen, dass sich veränderte Ratings, also Abwertungen oder Aufwertungen, tatsächlich auf die Preise von Schuldverschreibungen und Aktien auswirken (Hand/Holthausen/Leftwich 1992).

Das Rating gibt damit Investoren eine expertisebasierte Einschätzung des Risikos ihrer Anlageentscheidung in einer Situation, in der Investoren immer weniger überblicken, geschweige denn beurteilen können, welche zukünftig zu erwartende Wertschöpfungskapazität die beurteilte Organisation gegenwärtig hat. Je niedriger das Rating, desto höher ist das Risiko für Investoren – und desto höher muss damit die Rendite sein, damit Investoren gewonnen werden können. Höhere Rendite aber heißt für den Schuldner höhere Kosten des Kredits. So bedeutet beispielsweise eine geringfügige Rating-Rückstufung um eine Stufe für eine Bank mit einer Bilanzsumme von 300 Millionen Schweizer Franken (unter der Annahme, dass 10 % der Bilanzsumme exponiert und zu refinanzieren sind) zusätzliche Zinskosten von 15 Millionen Franken.

Dies bedeutet, dass die Qualität des Rating etwa für ein auf Kredite angewiesenes Unternehmen direkt und spürbar die Kapitalkosten beeinflusst. Bei vielen institutionellen Anlegern wie Pensionsfonds, Versicherungen und Banken ist ein Rating einer bestimmten Güte sogar Voraussetzung für eine positive Anlageentscheidung. Je stärker sich Unternehmen, Institutionen, Regionen und ganze Länder auf den globalen Finanzmärkten im Wettbewerb untereinander um Anlagekapital bemühen, desto stärker sind sie auf möglichst positive Ratings angewiesen, um ihre Kapitalkosten zu optimieren. Hieraus erwächst den global agierenden Rating-Agenturen ein bislang noch wenig begriffener – und noch weniger problematisierter – Einfluss auf globale Ströme von Investitionsentscheidungen.

Ratings haben (in einem gewissen Gegensatz zu Investment und Analyse) eine relativ langfristige Perspektive, weil ihr Hauptkriterium die Kreditwürdigkeit der bewerteten Einheit ist. Sie zielen deshalb auf »fundamental analysis«, d.h. die makroökonomische Einbettung und das Potential der evaluierten Firma oder Institution. Durch eine kontinuierliche Aktualisierung der Evaluationen kumulieren Rating-Firmen eine einzigartige Expertise.

Rating institutionalisiert einen spezifischen Typus der »knowledge structure« (im Sinne von Susan Strange) als ein Expertensystem, welches »determines what knowledge is discovered, how it is stored, and who communicates it by what means to whom and on what terms« (Strange 1988: 117). Es geht um Wissen, das Investoren wie Anlage- und Pensionsfonds oder Investmentbanken, aber auch Leasinggesellschaften, Factoringinstituten, Kapital- und Unternehmensbeteiligungsgesellschaften etc. erlaubt, sich ohne aufwendige eigene Expertise (und entsprechende Transaktionskosten) einigermaßen verlässlich in einem Feld zu bewegen, welches durch hohe Unsicherheit und einen entsprechend hohen Bedarf an spezifischem Wissen charakterisiert ist.

Merkmale des Expertensystems des Ratings sind eine Ausrichtung auf amerikanische Standards für Managementqualität, Unternehmensstrategien und Finanzstruktur, Messung an Kriterien, die teils veröffentlicht und teils geheim sind, sowie eine Sichtweise, welche der Tendenz nach den »Shareholder Value« gegenüber einem sozial verantwortlichen und kreativen Unternehmertum bevorzugt. Völlig ungerührt von dieser Kritik dominiert ein enges Oligopol von Firmen das globale Rating. Sie werden dies so lange tun, wie sie über relevantere und überzeugendere Expertise verfügen als jede andere Einrichtung der Evaluation ökonomischer Performanz. Auch wenn die drei Großen der Branche seit einigen Jahren in vielen Ländern der Welt Niederlassungen gegründet haben, um regionale Spezialisierungen zu fördern, so gilt immer noch uneingeschränkt: »New York remains the analytical core, where rating expertise is defined and reinforced« (Sinclair 1994: 453).

Dies hängt vor allem damit zusammen, dass Rating für amerikanische Konzerne zur Routine geworden ist, während europäische und asiatische Firmen sich nur langsam mit den damit verbundenen Kosten und Prozeduren anfreunden. Gegenwärtig werden in den USA etwa 8000, in Deutschland nur 200 Unternehmen mit einem Rating evaluiert. Inzwischen lassen sich auch Länder (wie Hessen oder Sachsen-Anhalt; letzteres Land erhielt für 1997 ein S&P-Rating von AA-), Regionen (wie die Toskana) oder Städte (wie Philadelphia, New York oder Tokio) durch ein Rating evaluieren, um durch ein günstiges Rating als attraktiver Emittent zu erscheinen (ausführlich dazu Sinclair 2005). So decken die Bundesländer im Durchschnitt nur 19 Prozent ihres Kreditbedarfes durch Anleihen ab, während diese Finanzierungsform für Sachsen-Anhalt die bemerkenswerte Höhe von 65 Prozent erreicht – und damit eine Innovation in der Strategie der Länderfinanzierung andeutet (Schackmann-Fallis 1999).

Zunehmend werden z.B. auch in Deutschland die wichtigsten Firmen relevanter Branchen regelmäßig evaluiert. So bewertet Moody's seit 1998 sieben der großen deutschen Versicherungskonzerne, und auch S&P hat bereits 1997 den Versicherungssektor bewertet (und nur eine Firma, die »Allianz Versicherung«, mit der Höchstnote AAA ausgezeichnet). Bemerkenswert ist, dass die ›Global Players‹ seit 1999 – jedenfalls in Deutschland – Konkurrenz bekommen haben, indem sich in Köln die »Assekurata Assekuranz Rating-Agentur GmbH« speziell für das Feld der Versicherungen gebildet hat. Dies scheint kein Einzelfall zu sein, und es deutet darauf hin, dass das Feld der Rating-Agenturen in Bewegung kommt.

Ein Rating-Prozess basiert auf einem kontinuierlichen und engen Kontakt zwischen Unternehmen und Rating-Agentur, der in den jährlichen »review meetings« kulminiert. Die Rating-Agenturen erhalten routinemäßig auch vertrauliche Informationen, weil die Firmen auf eine langfristige und vertrauliche Zusammenarbeit angewiesen sind. »Die führenden Rating-Agenturen erwarten, dass von den Emittenten unaufgefordert Terminvorschläge unterbreitet, die notwendigen Informationen aufbereitet und die erforderlichen Vorbereitungen getroffen werden, ohne dass es dazu eines speziellen Hinweises von Mitarbeitern der Agenturen bedarf« (Everling 1999: 255). Darüber hinaus verfolgen die Agenturen, ähnlich wie Investmentbanken und ihre Research-Abteilungen oder wie globale Beratungsunternehmen, kontinuierlich alle Entwicklungen, die auf die künftige Ertragsfähigkeit ›ihrer‹ Unternehmen oder Einrichtungen Einfluss haben könnten.

Zum Beispiel haben Moody's und S&P früh die Kriterien des Basler Akkord vom Juli 1988 für die Eigenkapitalausstattung (und weitere »Gesundheits«-Kriterien) für internationale Banken übernommen und ihrerseits mit diesen Kriterien die Rating-Prozesse für Finanzinstitute im Allgemeinen angereichert. Dies wiederum ließ vielen Banken und Banksystemen, die gar nicht Mitglieder des Basler Akkordes sind, gar keine andere Wahl, als sich ebenfalls diesen Kriterien unterzuordnen: Australien, Finnland, Neuseeland, Norwegen, Österreich, Portugal, Spanien, Türkei, Hongkong, China und Singapur folgten. Inzwischen hat sich über diese Wechselwirkungen praktisch ein *globaler Standard* der Beurteilung der Bonität von Banken herausgebildet.

Das Zusammenspiel der Hauptakteure – die 13 Zentralbanken des Basler Ausschusses, die drei großen Rating-Agenturen und die über ihre Refinanzierungsbedarfe im globalen Finanzsystem eingebundenen übrigen Banken und Banksysteme – wurde von keinem Über-Akteur geplant oder gesteuert. Vielmehr resultieren die Merkmale eines Steuerungsregimes aus der losen Kopplung eines Netzwerkes von Akteuren, die durchaus ihre eigenen Strategien verfolgen, diese aber in die Operationslogik des globalen Finanzsystems einpassen müssen. Obwohl eine große Zahl außergewöhnlich einflussreicher Akteure die Formierung des Steuerungsregimes mitgestaltet, ist das Regime insgesamt nicht das Produkt strategisch-rationalen Handelns, sondern Ergebnis einer Verbindung von evolutionären Dynamiken und Operationslogiken großer Funktionssysteme einerseits und intentional-rationaler Strategien steuerungsfähiger Systeme anderseits. Völlig zu Recht leitet Thomas Friedmann hieraus »the most basic truth about globalization« ab: »*No one is in charge.*« (Friedmann 1999, zit. bei Waltz 1999: 2, Hervorhebung im Original)

Das entstehende Regime ist eine hybride Verschmelzung von Evolution und Steuerung. Es ergibt sich weder ganz unbeeinflussbar aus den Zufällen evolutionärer (ökonomischer, politischer, sozialer, technologischer etc.) Bewegungen oder geschichtlicher Wirkgesetze, noch ist es autoritativ ›gemacht‹ wie das Gesetz eines handlungsfähigen souveränen Staates. Seine Besonderheit liegt genau darin, dass sich aus der lose gekoppelten, kompetitiven Kooperation und kooperativen Konkurrenz vieler Akteure ein globales Regime herausbildet, obwohl es keine souveräne globale Instanz der Systemsteuerung gibt.

Ein Beispiel dafür ist die Wirkung der bereits erwähnten Vorschläge des Basler Ausschusses zum Eigenkapital der Kreditinstitute auf die Wettbewerbssituation von Banken einerseits und auf die Bedeutung des Rating von Banken andererseits. Bereits jetzt müssen Kreditinstitute ihre »Risikoaktiva« mit acht Prozent haftendem Eigenkapital unterlegen, was deutliche Kosten verursacht. Dabei werden die Kredite an Private mit 100 Prozent, die meisten Kredite an öffentliche Hände aber nur mit 20 Prozent berechnet – offenbar, weil die Kreditrisiken entsprechend unterschiedlich einzuschätzen sind.

Diesen Grundsatz forciert nun der Basler Ausschuss, indem er eine Klassifizierung oder ein Rating der von einem Kreditinstitut eingegangen Kreditrisiken vorschlägt. Ein adäquates internes Rating ist aber schwierig und aufwendig, weil es elaborierte Risikomodelle voraussetzt, über die nur die großen Institute (»sophisticated banks«) verfügen. Ein externes Rating ist ebenso schwierig und würde darüber hinaus die Monopolstellung der drei Großen weiter zementieren. Vorläufig bleibt offen, wie die Vorschläge des Basler Ausschusses unter Einbeziehung von Rating-Verfahren umgesetzt werden könnten. Deutlich ist aber bereits jetzt, dass kein einzelner Akteur den Bau und die Architektur des sich entfaltenden Regimes beherrscht. Ganz im Gegenteil entwickelt sich ein gekoppeltes, vielschichtiges Zusammenspiel ganz unterschiedlicher Akteure, welches die Genese des globalen Steuerungsregimes vorantreibt.

Ein deutliches Indiz dafür ist das Zusammenspiel zwischen den erwähnten BIZ-Eigenkapitalvorschlägen, den Reaktionen der Investitionsbanken und der darin implizierten Rolle der Rating-Agenturen. Die Vorschläge des BIZ entfalten bereits als bloße Vorschläge eine Dynamik der Einschätzung differentieller Kreditrisiken, welche die Banken dazu zwingt, gegenüber ihren (großen) Kunden ihre Riskikomodelle und Risikoportfolios durchsichtig zu machen. Erzwungen wird dies faktisch durch die großen Rating-Agenturen, welche die Kriterien der BIZ in ihre Rating-Verfahren übernehmen und auf dieser Grundlage zu unterschiedlichen Bonitäten der Banken kommen – und zugleich mit der Schaffung dieses neuen Marktes für Rating die Entstehung weiterer weltregionaler und nationaler Rating-Agenturen hervorrufen. Für die Investmentbanken geht es darum, »das komplette Systemrisiko der Banken in den Griff zu bekommen« (Bräuer 1999: 29).

Einschätzungen in Form von Ratings machen aus der unbestimmten Ignoranz verteilter Interessenten (wie Anteilseigner, Anleger, Partner, Zulieferer etc.) über die Faktoren und Details zukünftiger wirtschaftlicher Leistungsfähigkeit von Organisationen zwar noch keine Gewissheit. Aber sie überführen sie doch in die weit weniger riskante Ungewissheit darüber, was sich im Einzelnen hinter der kompakten ›Note‹ eines Ratings verbirgt. Mit ihrer Reputation stehen die Rating-Agenturen dafür ein, dass die Evaluation nach den ›Regeln der Kunst‹ vorgenommen und insofern verlässlich ist. Auch wenn die Interessenten in aller Regel nichts von den Details der Evaluierungsmethode verstehen und in die Evaluierung viele Unwägbarkeiten eingehen, so muss ihnen doch die methodisch abgesicherte spezifische Ignoranz, die sich hinter vergebenen ›Noten‹ verbirgt, bei weitem sicherer erscheinen als das unbestimmte Nichtwissen über die interne Operationsweise hochkomplexer Organisationen (Roehl/Willke 2001). (Hierin ähneln die Ratings den Schulnoten und anderen Zensuren, die von Organisationen verteilt werden.)

Das kleine exklusive Cluster der Rating-Agenturen spielt seine ursprüngliche Rolle als *Wissensbroker*, als Clearingstelle für Expertise in der Beurteilung von Firmen, welche es bereits Mitte des 19. Jahrhunderts übernommen hat, nun im Kontext ausgebildeter lateraler Weltsysteme für Wirtschaft und Finanzen in einer unvergleichlich folgenreicheren Weise. Was als Einrichtung zur Intermediatisierung von spezifischem Wissen über große Distanzen begann, entfaltet sich heute zur umfassenden Dienstleistung der Erzeugung, Nutzung und Verteilung von wirtschaftlich relevantem Wissen, welches auf hochrangiger branchen- und standortspezifischer Expertise beruht, die nicht mehr von einzelnen Personen, sondern nur noch in Organisationen mit elaborierten und differenzierten Geschäftsprozessen des Wissensmanagements verfügbar gemacht werden kann.

Damit öffnet sich unter der Oberfläche der prinzipiell einfachen und klaren Zahlungsoperationen der realen Wirtschaft eine verwirrende Tiefenstruktur, die steuernd in die Gestaltung der Transaktionen auf der Oberfläche eingreift. Gebildet wird diese Tiefenstruktur von einer Topologie wirtschaftlich relevanter Expertise, die – wie jede Expertise – vor allem in ihrer anderen Seite der komplementären Ignoranz Bedeutung hat und in einem ökonomischen Kontext als Risiko in Erscheinung tritt.

Expertise und damit Risiken sind hochgradig geschichtet und ungleich verteilt. Je weniger die Wirtschaftsakteure (klassisch: Käufer und Verkäufer) die verhandelten Güter sehen, anfassen und begreifen können, umso mehr sind sie den Risiken des Nichtwissens ausgesetzt; umso mehr müssen sie auf anderweitige Expertise vertrauen, die ihnen eine Einschätzung der wirtschaftlichen Validität ihrer Transaktionen erlaubt. Da die Urteile der Rating-Agenturen (und andere Arten ökonomischer Expertise) nicht allen Wirtschaftsakteuren gleichermaßen zur Verfügung stehen, verschärft die Notwendigkeit unterlegter Expertise die immer schon bestehende, natürliche Ungleichheit der Zahlungsfähigkeiten zu einer hybriden Ungleichheit, bei der ungleiche Zahlungsfähigkeiten primär dadurch bedingt sind, dass Wirtschaftsakteure unterschiedliche Zugänge zu relevantem Wissen und unterschiedliche Fähigkeiten im Umgang mit den entsprechenden Risiken haben (Strulik 2000).

Einflussreicher als die meisten einzelnen Nationalstaaten und nachhaltiger als viele internationale Konferenzen zusammengenommen, formt das Oligopol der relevanten Rating-Agenturen die Architektur globaler Governanz im Weltfinanzsystem. Immer häufiger knüpfen Nationalstaaten in gesetzlichen Regelungen und andere Institutionen in ihren Regelsystemen an die Urteile der Rating-Agenturen an, um Sicherheitsstandards (Bonitätslevels) für bestimmte Anlageformen oder Transaktionsmodalitäten zu definieren. Solche Anknüpfungen erhöhen die Hebelwirkung von Ratings in nicht mehr überschaubare Systemverflechtungen. Sie suggerieren eine Sicherheit oder Absicherung, die in den Ratings selbst in keiner Weise gegeben ist, weil sie als prototypische Derivate der Ignoranz ungewiss bleiben, also immer durch unerwartete Entwicklungen widerlegt werden können. Das Zusammenspiel zwischen Rating-Agenturen und vielen anderen, auf Ratings Bezug nehmenden Einrichtungen erzeugt eine *Interinstitutionendynamik*, die von keinem Akteur oder System gesteuert, geschweige denn kontrolliert wird, und die infolge der implizierten Hebelwirkungen (»leverage«) unvermeidlich neue Systemrisiken schafft, die zwar niemand gewollt hat, die aber dennoch existieren.

Die Bewertungs- und Relevanzkriterien der Agenturen spiegeln die offizielle Doktrin der nordamerikanischen Finanzelite, die bislang weitgehend ungebrochen auch die Politik der Weltbank, des IMF oder der »International Organization of Securities Commissions« (IOSCO) prägt (Gilpin 2001: 382). In dieser seltsamen Mischung von neoliberaler Wirtschaftsordnung, Shareholder-Denken und Vertrauen in einen freien, US-amerikanisch regulierten Welthandel setzt sich eine ökonomische Logik durch, die von ihren Rückbindungen und strukturellen Kopplungen an politische Forderungen nach Solidarität und Gerechtigkeit gereinigt ist – und die diesen Rücksichten erst dann wieder Raum gibt, wenn sie sich brachial durch Protestbewegungen oder wirtschaftliches Chaos dazu gezwungen sieht.

Auch wenn man dies kritisch sieht, führt nichts an der Bewertung vorbei, dass hinsichtlich spezialisierter Expertise und kumuliertem organisationalem Wissen niemand den Rating-Agenturen auch nur annähernd das Wasser reichen kann. Sie verfügen souverän über den entscheidenden neuen Rohstoff: Wissen. Erst wenn sich andere Organisationen – einschließlich soziale Bewe-

gungen und NGOs – ähnlich fundiertes Wissen verfügbar machen können, werden sie in der globalen Konkurrenz der Wissensbroker mithalten können. Das ist nicht ausgeschlossen. Viele NGOs, insbesondere im Bereich Umweltschutz, Artenschutz
oder Gesundheit, werden bereits jetzt von globalen Institutionen
wie WTO oder WHO als Experten zu Entscheidungsprozessen
hinzugezogen. Nur im globalen Finanzsystem gilt weitgehend
noch der Vorrang eines rohen und oft uninformierten Protests
gegenüber der anstrengenderen Variante des ›Wissensprotests‹.
Dem aber gehört die Zukunft.

1. Private Autorität und öffentlich-private Partnerschaften

Die hinter den Beobachtungen des vorigen Kapitels aufscheinende kritische Relevanz von Expertise und der entsprechende Bedeutungsverlust politisch/staatlich regulierter Steuerungsregime ist keineswegs unbestritten. Die Gewichtung der Ressourcen Macht, Geld und Wissen für das Management von Kollektivgütern im Allgemeinen und für globale Governanz wird zwischen konkurrierenden Lagern kontrovers diskutiert.

Während ›Globalisten‹ den traditionellen Mythos vom starken Staat dekonstruieren, wird von einer Gegenreformation besorgter Politikwissenschaftler der neue Mythos vom schwachen Staat seinerseits als bloße Konstruktion denunziert (Weiss 1998). Beispielhaft hat Kenneth Waltz, der Altmeister der Analyse internationaler Beziehungen, noch einmal bekräftigt, dass das 20. Jahrhundert das Jahrhundert der Nationalstaaten war. Und: »The twenty-first will be too« (Waltz 1999: 4). Er leitet diese Überzeugung aus einer Sichtweise ab, wonach die Weltordnung nicht auf ökonomischen Interdependenzen beruht, sondern auf dem Machtpotential einiger hegemonialer Staaten.

Waltz erkennt zwar an, dass zumindest die Kapitalmärkte inzwischen globale Märkte geworden sind, aber schon die Wirtschaft besteht für ihn vorrangig immer noch aus national orientierten Ökonomien, die in erster Linie für sich selbst produzieren und nur zu einem geringen Prozentsatz auf Export angewiesen seien. Er zitiert Paul Krugman mit der Aussage, dass beinahe 90 Prozent der Güter und Dienstleistungen der amerikanischen Wirtschaft für den Eigengebrauch produziert werden, und er schließt sich Linda Weiss mit der Berechnung an, wonach die drei stärksten Ökonomien der Welt – USA, Europa und Japan – weniger als zwölf Prozent ihres BIP exportieren (Waltz 1999: 4).

Das Problem ist auch hier, dass Waltz nicht sieht, was er nicht sieht. Er ist so auf die dominante Rolle der Politik und ihr Verhältnis zur Ökonomie fixiert, dass ihm entgeht, wie weitgehend die neue Konstellation durch *weitere* relevante Systeme, Akteure und Regime geprägt ist. Besonders sorgfältig hat Susan Strange diesen Aspekt herausgearbeitet. Sie spricht insgesamt von einer ›Machtdiffusion in der Weltökonomie‹ und diagnostiziert im Besonderen neben der vertikalen Bewegung von Macht von vielen schwachen zu einigen starken Staaten eine wichtige *horizontale* oder laterale Bewegung von Macht von Staaten zu Märkten (Strange 1996: 44ff.). Diese Märkte sind von vielen Faktoren geprägt, besonders nachhaltig aber von neuen Technologien, die bezeichnenderweise bei Waltz überhaupt nicht auftauchen. Ganz ähnlich wie Strange argumentiert James Rosenau. Er fasst seinen Einwand in eine kompakte Form:

»The macro transformation involves the authority relationships between individuals and their collectivities, relationships that have led to the bifurcation of global structures into a state-centric world of states and a multi-centric world of diverse other kinds of collective agents« (Rosenau 1999: 1007).

Die Kontroverse zwischen Globalisten und Verfechtern des Nationalstaates hat den Vorteil, sich selbst aufzuheben, weil sie deutlich macht, dass diese publikumswirksame und simplifizierende Gegenüberstellung nicht trägt. Relevant dagegen ist die Frage, ob der unbestrittene Rückzug des Staates aus dem Management herkömmlicher Kollektivgüter durch selbst gewählte Deregulierung, Entstaatlichung und Privatisierung Lücken in der Versorgung mit Kollektivgütern schafft, ob der Markt diese Aufgabe übernehmen kann oder ob sich neue Formen der Kombination von Selbstorganisation in Märkten und von Selbststeuerung in hybriden Regulierungsregimen entwickeln, welche diese Aufgabe übernehmen.

Und relevant ist die Frage, wie umfassend und wie dramatisch der Aufbau neuer Steuerungsregime die wohlfahrtsstaatlichen Wälle zum Schutz von Schwachen und Unterprivilegierten einreißt und die Solidargemeinschaften der großen staatlichen Zwangssysteme der Sicherung und Versicherung zerbricht, ohne brauchbare Ersatzlösungen zu schaffen: »Es ist heute kaum mehr strittig, dass der Sozialstaat seine komparativen Vorteile weitgehend (Ausnahme: Arbeitslosenversicherung) verloren hat, wenn es darum geht, soziale Sicherheit herzustellen. Die Individuen können sich gegen die Wechselfälle des Lebens (Krankheit,

Unfall, Pflegebedürftigkeit und Alter) im Durchschnitt kosten-günstiger auf privaten Versicherungsmärkten absichern« (Berthold 1996: 15).

Dass bestimmte Bestandteile eines überzogenen Wohlfahrt-staats von Privaten auf einem Markt angeboten und nachgefragt werden können, ist nicht mehr überraschend. Interessant wird diese Entwicklung, wenn man sie als Teil einer breiteren Verla-gerung versteht, durch die gegenüber einer staatlichen Überregu-lierung und einer ungebremsten Expansion politischer Zuständig-keiten ein Gegengewicht wieder stärker zur Geltung kommt, das – wie erwähnt – bereits Wolfgang Streeck und Philippe C. Schmitter (1985) als »private governance« bezeichnet haben. Claire Cutler et al. greifen diese Thematik auf und bringen sie in einen direkten Zusammenhang mit Prozessen der Globalisie-rung und »international affairs« (Cutler/Haufler/Porter 1999). Dabei ist eine Akzentverschiebung wichtig. Ging es bei früheren Ansätzen einer Kritik des Interventionsstaates primär um eine Eingrenzung der Staatsaufgaben aus rechtlicher, föderaler und zivilgesellschaftlicher Sicht (Grimm 1994), so steht heute der Aspekt Wissen/Nichtwissen stärker im Vordergrund.

Vor gut 40 Jahren gab Andrew Shonfield seiner inzwischen klassischen Abhandlung über den »Modernen Kapitalismus« den Untertitel »The Changing Balance of Public and Private Power«. Gegenüber den Schwarzweißbildern der damaligen Kapitalis-muskritik zeichnete Shonfield ein differenziertes Bild sowohl des ›neuen Stils‹ der privaten Unternehmen wie auch der Rolle der Regierungen der entwickeltsten Länder, die in den 1960er Jah-ren etwa zwei Drittel der gesamten Kosten der industriellen For-schung und Entwicklung aufbrachten: »Governments thus pos-sess an extremely powerful means of influencing the long-term direction of growth in the most dynamic sectors of the economy.« (Shonfield 1965: 372) Die dynamischsten Sektoren der Industrie waren bereits damals das, was er »science-based industries« nannte und was heute erneut unter dem Begriff der *wissensbasier-ten Unternehmung* wissenschaftliche Aufmerksamkeit auf sich zieht.

Den neuen Stil der (großen) privaten Unternehmen sah Shon-field darin, dass sie sich geradezu zu »permanenten Institutionen« entwickelten, die Dauerbeschäftigung boten, gegenüber dem Druck öffentlicher Einrichtungen empfänglich waren, sich eine langfristige Perspektive leisten wollten und Leistungen erbrachten, »distinct from making the maximum profit, and sometimes not even compatible with it« (ebd.: 377). Dieser neue Stil hat sich inzwischen ziemlich drastisch gewandelt. Shonfield beschreibt einen Prozess, in welchem in einer Phase der Vollbeschäftigung und der weitgehend intakten nationalen Souveränität der Geld- und Industriepolitik eine Annäherung der großen Unternehmen an die Strukturen und Operationsweisen öffentlicher Institutionen stattfindet. Private Korporationen übernehmen Wertestandards gemeinwohlorientierter politischer Einrichtungen und die Spitzenmanager der Konzerne werden zu Staatsmännern im Reich der Dinge.

Heute, nach drei Jahrzehnten eines erbarmungslosen globalen Wettbewerbs, nach dem Zusammenbruch des Staatssozialismus, nach einschneidenden Prozessen der Internationalisierung und Globalisierung der Wirtschaftsprozesse, der Digitalisierung der Informationsströme, der Deregulierung und Privatisierung staatlicher Aktivitäten und insbesondere nach dem Ende der Vollbeschäftigung stehen die Verhältnisse auf dem Kopf: Regierungen und politische Systeme streben ihre Transformation in Managementabteilungen für öffentliche Angelegenheiten an, und Staatsmänner werden zu Managern im Reich politischer Shareholder.

Die Balance der Macht zwischen Politik und Ökonomie, zwischen Konzernen und Regierungen, verschiebt sich nachhaltig auf die Seite der privaten, territorial nicht gebundenen Akteure. Gegenüber der Politik haben sie den Vorteil einer zusätzlichen strategischen Option neben »voice« und »loyalty«: den »exit« in attraktivere Standorte (vgl. Hirschmann 1970). Die von der Politik der entwickelten Gesellschaften selbst gewollte Freizügigkeit von Kapital, Dienstleistungen, Personen, Rechten und Expertise hat einen Wettbewerb der Standorte entfesselt, der die territorialen Akteure in eine kaum haltbare Position bringt.

Globalisierung und Digitalisierung haben die Regeln der politischen Ökonomie und der ökonomischen Politik einschneidend verändert. Zwar sind die nationalen Territorialstaaten keineswegs machtlos geworden. Aber Rolle und Aufgaben des Staates lassen sich nun nur noch auf der Folie einer Ausbildung lateraler Weltsysteme angemessen begreifen, insbesondere der Entstehung eines Welthandelssystems und eines globalen Finanzsystems. Dies alles ist inzwischen bekannt und weitgehend unstrittig. Weniger klar ist, dass die exterritoriale Herausforderung der Politik zugleich Auswirkungen auf die ureigene Aufgabe der Politik hat: die Aufgabe der Bereitstellung von Kollektivgütern.

Hier spielt sich ein Wandel ab, den Cutler et al. so beschreiben:

»One of the key arguments we make is that international cooperation by firms in the areas of rule-making, standards-setting, and organization of industrial sectors is not simply a temporary, limited, or illegitimate phenomenon. In many of the cases discussed in this volume, the cooperation among firms is either given legitimacy by governments or legitimacy is acquired through the special expertise or historical role of the private sector participants. [...] In addition, in areas where technology is complex or information plays a significant role, the private sector is sometimes viewed by participants as more capable than governments in designing appropriate rules and procedures. We see then through this process the emergence of private authority« (Cutler/Haufler/Porter 1999: 4f.).

Aus ähnlichen Überlegungen habe ich die Schlussfolgerung gezogen, dass sich eine neue Kategorie von Gütern entwickelt: kollaterale Güter. Die damit angezeigte Veränderung in den Formen der Bereitstellung von Kollektivgütern verlangt eine neue Form des Zusammenspiels von öffentlichen und privaten Akteuren. Ausgangspunkt ist die klassische Unterscheidung zwischen öffentlichen und privaten Gütern von Robert Musgrave. Danach lassen sich Güter zum einen danach unterscheiden, ob ihr Konsum rivalisiert oder nicht, ob das Gut also nur entweder von A oder von B genutzt oder verbraucht werden kann; und zum anderen kann man Güter danach unterscheiden, ob ein Ausschluss vom Konsum (etwa durch Eigentum, Eingrenzung oder Beschränkung auf nur bestimmte Nutznießer) möglich ist oder nicht. Diese beiden Differenzen ergeben die folgende Vier-Felder-Tabelle:

Tabelle 5: Definition der Typen von Gütern nach Musgrave

Konsum	Ausschluss	
	möglich	nicht möglich
rivalisierend	*privates Gut*	*gemischtes Gut*
nicht rivalisierend	*gemischtes Gut*	*öffentliches Gut*

Quelle: Musgrave 1978: 57.

Ein aktuelles Beispiel: Den großen Pharmafirmen wird oft vorgeworfen, dass sie sich nicht um die Entwicklung von Medikamenten für Krankheiten kümmern, die in den armen Ländern vorkommen: vor allem Malaria, Tuberkulose und Lepra, aber auch HIV/Aids. Da die Entwicklung solcher Medikamente äußerst kostspielig ist, die armen Länder aber die entsprechenden Preise für die Medikamente nicht bezahlen können, ergibt es für die Pharmafirmen nach einer ökonomischen Rationalität keinen Sinn, in die Entwicklung entsprechender Medikamente zu investieren. Dennoch zu fordern, die Pharmafirmen sollten sich darum kümmern, ist schlicht pharisäisch. Ein aussichtsreicheres Modell schlägt die »London School of Economics« in einen Gutachten vor: Die Bildung von privat-öffentlichen Partnerschaften, in denen Forschung und Entwicklung staatlich finanziert werden und damit auch für kleinere und mittlere Pharmafirmen Anreize geschaffen werden, sich in der Forschung zu engagieren (vgl. Le Grand 2001). Ähnliche Überlegungen sollten für die Entwicklung von Impfstoffen und für die Durchführung von Impfkampagnen in der Dritten Welt angestellt werden, da nur aus einem koordinierten Zusammenspiel von privaten und öffentlichen Akteuren, welche die unterschiedliche interne Logik beider Bereiche berücksichtigt, eine Verbesserung der gegenwärtig desperaten Lage zu erwarten ist.

Damit sind die Möglichkeiten der Systematisierung unterschiedlicher Typen von Gütern nicht erschöpft. In der ökonomischen Diskussion werden insbesondere noch private Güter mit »externen Effekten«, Clubgüter etc. und vor allem die wichtige Kategorie der »Verteilungsprobleme« behandelt, welche mit der Kategorisierung der Güter untrennbar verbunden ist. Ich beschränke mich hier auf die Grundfälle.

Gegenüber der Einteilung von Musgrave haben Jesse Malkin und Aaron Wildavsky argumentiert, dass die Differenz von privaten und öffentlichen Gütern nicht in irgendwelchen Wesensmerkmalen der Güter begründet ist, sondern ausschließlich in der autoritativen politischen Entscheidung, bestimmte Güter als Kollektivgüter und andere als private Güter zu definieren (Malkin/Wildavsky 1991). So werden gegenwärtig etwa Güter wie Postdienste, Eisenbahndienste oder Telekommunikationsleistungen umdefiniert und nicht mehr als öffentliche, sondern als private Güter betrachtet. Umgekehrt könnte es sich als nötig erweisen, etwa bestimmte Qualitäten der natürlichen Umwelt als Kollektivgüter zu definieren. Auch wird eine konservative Politik andere Definitionen von ›privat‹ und ›öffentlich‹ setzen als eine sozialdemokratische oder eine »grüne« Politik.

Gegenüber dem Idealtypus verbindlichen politischen Entscheidens sind in komplexen vernetzten Gesellschaften die Möglichkeiten der Politik in vielen Fällen, vor allem bei vielschichtigen, übergreifenden Problemlagen, auf die Teilnahme an sozietalen Verhandlungssystemen beschränkt. Sie kann nicht mehr autoritativ ohne Rücksicht auf verteilte Information, verteilte Expertise und verteilte Implementationsmöglichkeiten entscheiden, weil sie schlicht nicht über die inhaltliche Kompetenz verfügt, um formal kompetent entscheiden zu können.

Daraus folgt, dass die Dichotomie von privaten und öffentlichen Gütern erweitert werden muss um eine dritte Kategorie von Gütern, welche aus der prinzipiell gleichgeordneten Verhandlung zwischen privaten und politischen Akteuren als gemeinsam herzustellendes Gut resultiert. Ich nenne diese dritte Art von Gütern *kollaterale Güter.* Es sind Güter, an denen ein öffentliches Interesse besteht, deren Produktion auch eine Positivsummen-Bilanz erzeugt, deren Herstellung aber weder spontan auf dem Markt erfolgt, noch autoritativ von der Politik dekretiert werden kann.

Aus der Sicht des politischen Systems als des mit der Definitionskompetenz ausgestatteten Funktionssystems der Gesellschaft lässt sich die Unterscheidung in folgender Weise schematisieren:

Tabelle 6: Die Rolle der Politik bei kollateralen Gütern

Art des Gutes	Rolle der Politik
öffentliches Gut	Politik will und kann bereitstellen
privates Gut	Politik kann, will aber nicht bereitstellen
kollaterales Gut	*Politik will, kann aber nicht allein bereitstellen*

Exemplarische Fälle kollateraler Güter sind die bereits genannten Medikamente und Impfstoffe für die armen Länder. Ein exemplarischer Fall für die entwickelten Länder ist das gemischte, duale System der Berufsausbildung. Auf der einen Seite kann die Politik durch eine autoritative Entscheidung die Firmen nicht dazu zwingen, Lehrlinge vernünftig auszubilden, weil dies eine qualitative Leistung ist, die sich nicht mit Zwang durchsetzen lässt. Auf der anderen Seite produziert die Privatwirtschaft selbst keine gut ausgebildeten Lehrlinge, ja die Logik des Marktes verhindert dies sogar, denn eine Firma, die Geld für diese Leistung abzweigt, hätte gegenüber einer konkurrierenden Firma, die ohne diesen zusätzlichen Aufwand wirtschaftet, Wettbewerbsnachteile. Früher oder später müsste also die gemeinwohlorientierte, altruistische Firma vom Markt verschwinden. Das Dilemma lässt sich nur lösen, wenn beide Seiten, die öffentliche und die private, in einer bestimmten Weise zusammenarbeiten.

Aufgabe der Politik ist es, eine Rahmenordnung zu schaffen, die garantiert, dass *alle* einschlägigen Firmen Lehrlinge ausbilden (oder äquivalente Lasten tragen), so dass keine einzelne Firma Wettbewerbsvorteile hat, wenn sie sich vor dieser Aufgabe drückt. Die Rolle der Firmen ist es, mit Hilfe dieser Rahmenordnung eine Qualität der Ausbildung zu schaffen, welche die Leistungsfähigkeit der Wirtschaft insgesamt verbessert. Die für eine Gesellschaft schlechteste Lösung wäre eine Kombination von Politikversagen und Marktversagen, also gar keine Berufsausbildung, weil dann sowohl die einzelnen Arbeitnehmer wie die Wirtschaft insgesamt ein geringeres Ausbildungsniveau und deshalb eine geringere Produktivität hätten. Für die USA, die dieser schlechtesten Lösung nahe kommen, formuliert die MIT-»Commission on Industrial Productivity«: »Although everyone sees the need for a better-skilled work force, no one is willing to act alone to improve education« (Dertouzos/Lester/Solow 1990: 21).

Weitere Beispiele für kollaterale Güter sind die Vorsorge gegen bestimmte Gesundheitsrisiken wie Aids oder Drogenkonsum, die Vermeidung gefährlicher Abfälle, die Schonung der Umwelt, die adäquate familiale und quasi-familiale Versorgung von Kindern, die Nutzung menschen- und umweltfreundlicher Technologien, die Nutzung gemeinschaftlicher Verkehrsmittel, die Erreichung eines möglichst hohen Bildungs- und Qualifikationsniveaus, die Schaffung neuer Schlüsseltechnologien, die Schaffung hoch qualifizierter Arbeitsplätze etc. Auffällig ist an allen diesen Beispielen, dass es sich nicht um ›harte‹, leicht quantifizierbare und automatisierbare Güter und Leistungen handelt, sondern um bestimmte *Qualitäten* der individuellen, sozialen und natürlichen Welt und bestimmte *Qualitäten* des Verhaltens von Individuen und sozialen Systemen.

Es ist leicht zu sehen, dass die Notwendigkeit kollateraler Güter zum einen »private authority« erzeugt, also eine quasi-öffentliche Autorität von Privaten, und dass zugleich damit privat-öffentliche Partnerschaften in bestimmten Bereichen sinnvoll und legitim werden. Für die Themen globale Governanz und politische Steuerung sind diese Transformationen von großer Bedeutung, weil sich darin eine Veränderung von Regimen politischer Steuerung zeigt, in die nun Komponenten von »privaten Regimen« einfließen: »A private regime is an integrated complex of formal and informal institutions that is a source of governance for an economic issue area as a whole« (Cutler/Haufler/Porter 1999: 5). Allerdings sind private Regime nicht auf das Feld der Ökonomie begrenzt, sondern Bestandteile der Governanz aller lateralen Weltsysteme.

Eine entsprechende Konsequenz hat beispielsweise Ernest Wilson gezogen. Er entwickelt ein Vier-Felder-Schema, das mögliche Szenarios der Entwicklung von Steuerungsregimen übersichtlich zusammenfasst. Als Vergleichsmaßstäbe nutzt er die Dimensionen des Grades der Konkurrenz zwischen den Akteuren und des Grades der Übereinstimmung über grundlegende Spielregeln. Daraus ergibt sich folgendes Raster für Vergleiche und Entwicklungsrichtungen für Steuerungsregime.

Tabelle 7: Koordinationsmodi der Steuerung von Märkten

Dimension	agreement low	agreement high
competition high	*free market chaos*	*competition and cooperation*
competition low	*monopoly and fused*	*regulated oligopoly*

Quelle: Wilson 1998: 30.

Es ist möglich, dass sich für unterschiedliche Bereiche globaler Infrastrukturen unterschiedliche Regime herausbilden. Für den Fall globaler Telekommunikationsnetze ist erkennbar, dass sich eine Haupttrajektorie von Monopolen und regulierten Oligopolen zunächst zu chaotischen Märkten bewegt, um sich dann in einer reiferen Phase auf hybride Formen der Verbindung von Kooperation und Wettbewerb und der Verbindung von privaten und öffentlichen Akteuren in privat-öffentlichen Partnerschaften als Formbildungen in unterschiedlichen »organizational fields« (Scott 1994) auszurichten (siehe Abb. 5).

Abbildung 5: Dimensionen der Regimebildung,
Akteure und »organizational fields«

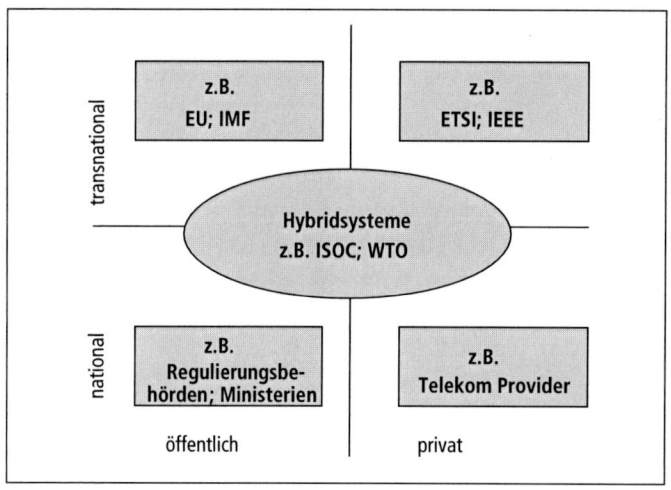

Damit scheint ein neuer Korpus von Wissen politisch, wirtschaftlich und technologisch relevant zu werden: (1) *Vernetzungswissen*, d.h. Wissen über Architekturen und Leistungsspektren unterschiedlicher Netze, technologisch von kleinen Intranets bis zu globalen Internets, sozial von regionalen Clustern bis zu globalen Verbunden; (2) *Kooperationswissen*, d.h. Wissen über Formen und Leistungsspektren unterschiedlicher Formen der Kooperation, von strategischen Allianzen bis zu disziplin- und branchenübergreifenden »Centers of Excellence«; und (3) *Wissensmanagementwissen*, d.h. Wissen über Voraussetzungen und Möglichkeiten des Managements der Expertise, die für elaborierte Formen von Vernetzung und Kooperation generiert und kontinuierlich revidiert werden muss.

Auch hier erweist sich, dass die Dynamik von politischer Steuerung und der Veränderung von Steuerungsregime vorrangig von der kritischen Ressource Wissen getrieben wird. Die Wissensgesellschaft beginnt, die Formen politischer Steuerung und globaler Governanz zu prägen (dazu ausführlicher Kap. VI). Über spezialisierte Expertise kommen private Organisationen ins Spiel der Governanz, das bislang den öffentlichen Akteuren vorbehalten war. Wichtig ist, dass dies nicht nur für Ökonomie und Finanzsystem gilt, sondern ausnahmslos für alle lateralen Weltsysteme, einschließlich des globalen Sports – wo das Wissensproblem vor allem beim Doping relevant wird –, des globalen Gesundheitssystems – wo die Wissensproblematik auf der Hand liegt – oder der globalen Entwicklungszusammenarbeit, die auf Armutsbekämpfung durch »capacity development« zielt, also einen klaren Fokus auf Wissen und Expertise aufweist.

2. Qualitätsmanagement und Exzellenz politischer Steuerung

In einem frappierenden Maße beziehen sich gegenwärtige Diskussionen um Staatsversagen, Organisationsversagen, »Reinventing Government« (Osborne/Gaebler 1993), Neubau der Verwaltung, Kritik der Saatsaufgaben, Deregulierung, neue Föderalität etc. auf die Erfahrung, dass machtbasierte Kommunikation für eine Steuerung hochkomplexer Systemprozesse nicht ausreicht. Bei aller Generalisierung und Abstraktion ist Macht doch darauf angewiesen, ihre Verankerung in funktionierender Organisation und letztlich in realisierbaren Sanktionen glaubhaft zu machen. Je differenzierter, professioneller und situationsabhängiger aber die zu verrichtenden Aufgaben werden, desto schwieriger und kostspieliger wird machtgestützte Kontrolle – und desto fadenscheiniger wird der Anspruch machtbasierter Kommunikation: »Je mehr ein moderner Staat seine Herrschaft auf Organisationen sowie mittels Organisationen ausübt, desto antiquierter wird die Vorstellung, dass sich die Staatsautorität primär auf die Monopolisierung physischer Gewalt gründe« (Geser 1990: 412).

Damit ist ein entscheidender Mangel der Steuerungsfähigkeit von Politik bezeichnet. Sie arbeitet vorrangig mit dem Steuerungsmedium Macht (und nur abgeleitet davon mit Geld, also mit machtbasierten Verfügungen über Geld), während ein der gesellschaftsgeschichtlichen Epoche angemessener Umgang mit Macht und Geld nur erreichbar ist, *wenn jegliche Art von politischer Steuerung von einer optimalen Nutzung verfügbarer Expertise geleitet ist*. Dies läuft primär auf folgende Schlussfolgerungen hinaus: Moderne politische Steuerung setzt mindestens zwei generische Kernkompetenzen voraus: (1) Strategiefähigkeit und (2) Lernkompetenz.

(1) Strategie und strategische Positionierung eines Systems werden erst dann zum Problem, wenn Evolution nicht mehr ausreicht. Strategisches Handeln meint zum einen, dass ein Akteur in der Lage ist, Erwartungen über Erwartungen anderer zu bilden und zwischen nicht aktualisierten oder potenziellen oder virtuellen Möglichkeiten auszuwählen (Elster 1987: 47). Dagegen kann die Evolution nur mit dem Vorhandenen arbeiten und vermag mit der Kategorie der Möglichkeit nichts anzufangen. Strategisches Handeln schließt Selbstbindung (wie etwa Odysseus gegenüber den Sirenen), Voraussicht und die Kalkulation zukünftiger Nutzen (Josephs Bau von Speichern während der sieben fetten Jahre) ein, zielt also immer auf eine reflektierte Ziel-Mittel-Relation.

Zum anderen impliziert strategisches Handeln die Fähigkeit

einer Person oder einer Organisation, ihre Zielbildung auf Kontexte und Kontingenzen der Zielbildung anderer Akteure und damit auf die Parameter künftig hergestellter Welten einzustellen. Zwei Arten solcher Welten sind besonders relevant. Die eigene (Innen-)Welt des Systems der Politik auf der einen Seite und die relevante Umwelt der Politik, also alle anderen gesellschaftlichen Funktionssysteme, in welche die Politik intervenieren will, auf der anderen Seite. Politische Akteure müssen also etwas vom ›inneren Spiel‹ der Politik verstehen, um mitspielen zu können und ›im Geschäft‹ zu bleiben. Und sie müssen etwas von den relevanten gesellschaftlichen Bereichen verstehen, in welchen sie strategische Ziele umsetzen wollen, um das ultimative gesellschaftliche politische Ziel – die Mehrheit zustimmender Wähler zu ihrer Politik – zu erreichen oder zu sichern.

Die Fähigkeit zu einer brauchbaren strategischen Positionierung ist demnach unter Bedingungen hoher Komplexität und Intransparenz eine sehr voraussetzungsvolle Leistung. Sie unterscheidet sich von den Trivialformen des Durchwurstelns (›weiter so‹), des Zufalls (›egal was oder wie‹), des einsamen Entschlusses (›ich bestimme‹) oder des Ignorierens (›es wird schon‹) vor allem darin, dass sie einen kompetenten Umgang mit hoher organisierter Komplexität – und deshalb mit Nicht-Wissen – voraussetzt. Damit ist die eigentliche Schwierigkeit bezeichnet: Verarbeitung und Umgang mit organisierter Komplexität, die *bestimmte Reduktionen* leisten und gleichzeitig zu stark einschneidende Vereinfachungen vermeiden muss. Michael Driver und Siegfried Streufert nennen dies »integrative Komplexität« (Driver/Streufert 1969).

Organisationen oder Funktionssysteme müssen zwei Hauptfragen beantworten, um eine strategische Positionierung zu leisten: Welche Kernleistungen soll das System erbringen? In welchem Markt von Adressaten (Wähler, Kunden, Klienten, Patienten, Mitglieder etc.) will das System agieren? Offenbar hängen beide Fragen zusammen – sie beziehen sich auf die Innendimension und die Außendimension derselben Organisation.

Diese Anforderungen an Steuerung verlangen eine ›Regierungsform‹ der Organisationen, die seit Jahrzehnten in Theorie und Praxis von Management und Führung verhandelt wird. Die politikwissenschaftliche Regierungslehre debattiert analoge Fragen seit Jahrhunderten. Sie müsste deshalb eigentlich die Nase vorne haben und überzeugendere und elaboriertere Modelle der Systemsteuerung vorweisen können. Dem ist nicht so. Der Hauptgrund ist darin zu sehen, dass die politische Theorie es bis heute nicht geschafft hat, sich von ihrer Tradition einer Dominanz des Subjekts zu befreien.

Diese Tradition selbst ist durchaus verdienstvoll und verständlich, denn sie trägt die Befreiung des Untertans zum Bürger. Sie trägt die Genese der Moderne und die Steigerung des Menschen zum autonomen Individuum. All dies ist wertvoll und bewahrenswert. Aber es ist nur die Hälfte der Realität. Und diese Halbierung der sozialen Rationalität rächt sich heute. Die andere Hälfte besteht aus der Logik sozialer Systeme, die in ihrer Bedeutung als Bedingung der Möglichkeit der Freiheit der Individuen systematisch vernachlässigt wurde und wird. In den Traditionen des Besitzindividualismus von Eigentümern, des Machtindividualismus von Wählern, des Handlungsindividualismus von Bürgern ignoriert die Politikwissenschaft bis heute weitgehend die Seite der emergenten Eigenschaften großer sozialer Systeme und die daraus folgende Steuerungsproblematik.

Betrachtet man Governanzregime in vergleichender Perspektive unter dem Aspekt der Performanz der ›Regierung‹ ganz unterschiedlicher Bereiche und Einrichtungen, dann müsste auch die Frage zulässig sein, wie es um die Fähigkeit zur Strategieentwicklung und zur strategischen Positionierung der politischen Systeme moderner Gesellschaften bestellt ist. Sie ist Teil der weiteren Frage nach der Steuerungskompetenz politischer Regierungen. Diese Kompetenz ist atemberaubend schlecht, wenn man sie an der Größe und am Gewicht politischer Probleme misst (Gray 1998). Für den Fall der USA fasst Christopher Gates dies in die knappe Formulierung: »American politics, especially at the national level, has become dysfunctional« (Gates 1999: 519).

Aber es ist zu berücksichtigen, dass selbst noch die Steuerungskompetenz von Wirtschaftsunternehmen im Regelfall äußerst bescheiden ausfällt. Der gemeinsame Mangel der Governanzregime ist davon geprägt, dass in einer nachwirkenden Tradition die Grobmechanik der alten Produktivfaktoren Land, Bodenschätze, Geldkapital und industrielle Massenarbeit immer noch im Vordergrund steht und die Feinmechanik der neuen Produktivfaktoren wie Wissen und Expertise, intellektuelles Kapital, unternehmerisches Talent und Kompetenzen im Umgang mit Risiken und Ungewissheiten noch nicht genügend Beachtung findet.

(2) Damit ist die zweite generische Kernkompetenz angesprochen, welche die Qualität politischer Steuerung bestimmt: Lernfähigkeit. Weder Personen noch Organisationen können sich im Kontext der Wissensgesellschaft damit begnügen, bestimmte Kernkompetenzen zu *haben*, indem sie diese einmal im Laufe ihrer Ausbildung bzw. in der Entwicklung der Organisation erworben haben. Der Bedarf an Kernkompetenzen und deren Ausrichtung folgen aus der strategischen Positionierung (des Leistungsspektrums) eines Systems. In dem Maße, wie strategische Positionierungen neuen internen und externen Bedingungen angepasst werden müssen, um eine viable, konkurrenzfähige Systemleistung zu erbringen, müssen auch die für dieses Leistungsspektrum erforderlichen Kernkompetenzen neu definiert und aktiv ausgebildet werden. Wiederum erweist sich, dass Konkurrenzfähigkeit und Leistungsvergleich keine spezifisch ökonomische Logik widerspiegeln und sich nicht mehr auf eine solche Logik reduzieren lassen, sobald der allgemeinere Gesichtspunkt der Systemleistung in Frage steht und die Systemleistung von der verfügbaren und in Leistung umgesetzten Kompetenz abhängt.

Kernkompetenzen bezeichnen integrierte Querschnittskompetenzen, die dazu dienen, in eine Vielzahl entfalteter Teilleistungen eine kohärente übergreifende und in diesem Sinne systemische und systemspezifische Qualität einzubringen. Coimbatore Prahalad und Garry Hamel (1990) entwickelten die Grundidee der Kernkompetenzen am Fall japanischer Unternehmen wie NEC, »Honda« oder »Canon«, die sich dadurch ausgezeichnet haben, dass sie ihre Expertise in einer fortgeschrittenen Basistechnologie für eine Vielzahl scheinbar disparater Produkte nutzen und damit eine Steigerung von Synergien und Kombinationseffekten erreichen. George Stalk, Philip Evans und Lawrence Shulman (1992) haben diese Idee unter dem Stichwort der Fähigkeiten (»capabilities«) von Technologien auf die Organisierung von Strategien und Prozessen ausgedehnt. Ikujiro Nonaka und Hirotaka Takeuchi (1995) unterlegen diesen Ansatz mit einer differenzierten Theorie der Nutzung und Generierung von Wissen in Unternehmen und verbinden damit die speziellere Problematik der Kernkompetenzen mit der allgemeineren Frage der Wissensbasierung »intelligenter« Organisationen, was bei James Quinn schließlich in die ziemlich hochgetriebene Forderung mündet:

»Each company should focus its strategic investments and management attention on those core competencies – usually intellectual or service activities – where it can achieve and maintain ›best in world‹ status, i.e., a significant long-term competitive advantage« (Quinn 1992: 32).

Selbst wenn man für politische Steuerung nicht derart hohe Maßstäbe anlegt, erweist sich in der Praxis schnell, dass bereits gegenwärtig eine Unzahl von Indikatoren, »bench-marks«, Vergleichen, Rankings etc. (von PISA über OECD-Tabellen bis zum Transparency/Korruptions-Index) genau diese weltweite Konkurrenz der Regierungssysteme und Governance-Regime antreibt. Die Steuerungsleistungen von Politik werden stärker beobachtbar, messbar und vergleichbar – und erhöhen damit den Legitimationsdruck für jegliche Politik.

3. Modelle strategischer Systemsteuerung

Es gibt bemerkenswert wenige etabliert und anerkannte Modelle strategischer Systemsteuerung. In der Privatwirtschaft haben sich drei Modelle einen Namen gemacht, und sie sind von dort aus in andere Bereiche übernommen worden: »Six Sigma«, »Balanced Scorecard« und das »EFQM-Modell«. Six Sigma wurde von einem großen Beratungsunternehmen als hauseigenes Instrument entwickelt. Es fokussiert auf das Zusammenspiel verschiedener Faktoren unter dem Primat einer durchdachten strategischen Positionierung. Die Balanced Scorecard (BSC) ist ein umfassendes Evaluierungs- und Steuerungsinstrument, das neben der Säule der traditionellen, vergangenheitsorientierten Finanzindikatoren drei weitere Säulen von Indikatoren aufweist, die stärker zukunftsorientierte Leistungsfähigkeit messen: Kundenkapital, Qualität der Geschäftsprozesse und Innovationskompetenz (Kaplan/Norton 1996). EFQM steht für »European Foundation of Quality Management«. EFQM kommt zwar aus der Total-Quality-Management-Bewegung, hat sich aber inzwischen zu einem qualitäts- und kompetenzorientierten allgemeinen systemischen Steuerungsansatz entwickelt, der auf »Business Excellence« zielt. Im Folgenden werden die BSC und das EFQM-Modell kurz dargestellt und ein Bezug zur Qualität und strategischen Ausrichtung politischer Steuerung hergestellt.

Balanced Scorecard

Die BSC hat vor allem in den USA eine frappierende Verbreitung gefunden – über die Hälfte der US-Unternehmen wenden sie an, u.a. über zwei Drittel der »Fortune 500«-Unternehmen (Forst 2000; www.balancedscorecard.org). Die BSC weist zwei fundamentale Stärken auf: Sie verbindet strategische Ausrichtung und operative Umsetzung mit klaren Erfolgsfaktoren und deren Überprüfung durch Messzahlen: »The balanced scorecard is a management system (not only a measurement system) that enables organizations to clarify their vision and strategy and translate them into action« (Arveson 1998: 1). Vor allem aber verlässt sie die traditionelle Perspektive der Messung von *vergangenem* Erfolg und stellt radikal auf *Zukunft* um: Sie misst vorrangig *die künftig zu erwartende Wertschöpfung einer Organisation*.

Der herkömmlichen Säule »Finanzindikatoren«, die auf vergangene Leistungen ausgerichtet sind, fügt sie drei weitere Säulen hinzu, die stärker auf zukünftig nutzbare Ressourcen und Fähigkeiten zielen (Schuhmacher 2001): (2) ›Kundenkapital‹, (3) ›Geschäftsprozesse‹ und (4) ›Lernen und Entwicklung‹ (siehe auch die Darstellung in Abb. 13). Vor allem die vierte Säule, ›Lernen und Entwicklung‹, schließt an Überlegungen zur Wissensökonomie und zur »intelligenten Firma« (Quinn 1992) an und kommt damit den Akteuren in Wirtschaft und Finanzsystem entgegen, die mittel- und längerfristige Investitionsentscheidungen vorbereiten oder treffen – Analysten, Fondsmanager, Investitionsbanker und insbesondere die Rating-Agenturen.

Robert Kaplan und David Norton, die Erfinder der BSC, haben das Modell inzwischen zur Konzeption der »Strategy Maps« weiterentwickelt – allerdings ohne damit eine grundlegende Änderung vorzunehmen (Kaplan/Norton 2004). Eher kommt nun deutlicher zum Ausdruck, was bereits im Grundmodell angelegt ist: Die BSC zielt über die Zusammenfassung von Indikatoren hinaus auf eine umfassende Geschäftssteuerung von der strategischen Ausrichtung über die in den vier Säulen definierten Perspektiven und von diesen jeweils abgeleiteten Erfolgsfaktoren bis zu Messgrößen, welche die operative Umsetzung der Strategien steuern und kontrollieren (siehe dazu Abb. 6).

Abbildung 6: Das Grundmodell der Balanced Scorecard

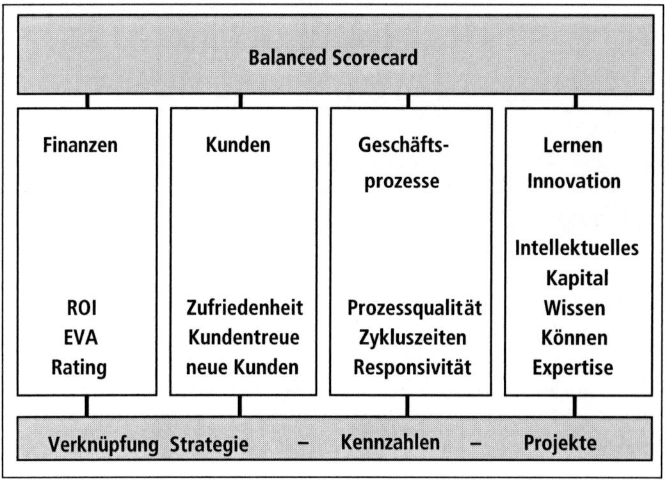

Quelle: Kaplan/Norton 1996

Das EFQM-Modell

Bereits Anfang der 1980er Jahren traten Tom Peters und Robert Waterman mit ihrem Bestseller »In Search of Excellence« (1982)

eine Welle der Suche nach Erfolgsfaktoren los, die bis heute anhält. 1988 gründeten 14 europäische Unternehmen die EFQM und legten ein Modell für »Business Excellence« (BE) vor, das mit geringen Änderungen bis heute gilt und sich wachsender Verbreitung erfreut – bis Januar 2000 waren 800 Unternehmen Mitglieder der EFQM geworden. Gegenwärtig (Dezember 2005) sind es in Europa 635 Mitglieder (www.efqm.org). Das Modell unterscheidet fünf Befähiger (»enabler«) und vier Arten von Ergebnissen (»results«), die durch eine rekursive Lernschleife zu einem Kreislauf verbunden sind (vgl. Abb. 7). Die neuen Elemente des Modells sind in ihrer Relevanz unterschiedlich gewichtet – z.B. Strategie und Politik mit 8 Prozent und Prozesse mit 14 Prozent –, wobei die Gewichtungen variabel sind und alle zwei Jahre von der Foundation neu vorgenommen werden.

Abbildung 7: Das EFQM-Business-Excellence-Modell

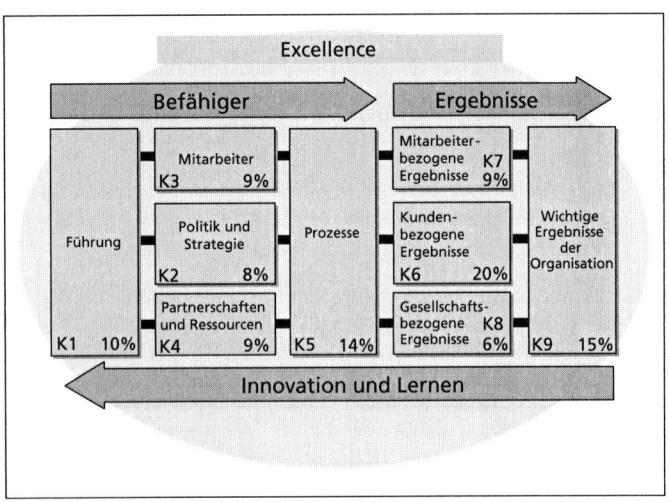

Quelle: www.efqm.org

Das BE-Modell nennt fünf Befähiger-Kriterien:

– Führung (Führung und Zielkonsequenz);
– Mitarbeiter (Mitarbeiterentwicklung und -beteiligung);
– Politik und Strategie;

- Partnerschaften und Ressourcen (Aufbau von Partnerschaften);
- Prozesse (Management mit Prozessen und Fakten).

Die in Klammern genannten Begriffe entstammen den ursprünglichen »acht Eckpfeiler(n) der Excellence« des ersten Modells, in dem zusätzlich noch die Elemente Ergebnisorientierung, Ausrichtung auf den Kunden, Kontinuierliches Lernen, Innovation und Verbesserung sowie soziale Verantwortung genannt waren. Im geltenden Modell sind daraus vier unterschiedliche Arten von Ergebnissen geworden (mitarbeiterbezogene, kundenbezogene, gesellschaftsbezogene und Schlüsselergebnisse), welche durch die Schleife »Innovation und Lernen« wiederum mit den Erfolgsfaktoren verbunden sind.

Die Stärken des Business Excellence-Modells (BE-Modells) liegen in zwei Merkmalen: (1) in der Systematik der Erfolgsfaktoren und (2) in der Flexibilität, mit der die Erfolgsfaktoren auf die besonderen Bedingungen unterschiedlicher Organisationen angepasst werden können.

Die Systematik der Erfolgsfaktoren ist eine rein heuristische, abgeleitet aus einer breiten empirischen Basis, die viele Branchen und Sektoren übergreift. Dennoch – oder vielleicht gerade deshalb – ist sie gut mit theoretischen Überlegungen zur Systemsteuerung vereinbar, etwa mit dem »St. Gallener Modell«, welches normatives, strategisches und operatives Management unterscheidet (Bleicher 1996), oder mit dem systemischen Steuerungsmodell, welches die fünf Dimensionen sachlich (Inhalte, Strategien, Ziele), sozial (Führung, Mitarbeiter, Partner), zeitlich (Prozesse), operativ (Methoden, Instrumente) und kognitiv (Lernen, Innovation, Entwicklung) unterscheidet (Willke 2001b). In 15 Jahren Praxis hat sich kein überzeugender Bedarf dafür erwiesen, die fünf grundlegenden Erfolgsfaktoren des BE-Modells zu ergänzen oder zu revidieren.

Allerdings ist diese Stabilität primär in der Flexibilität begründet, mit der die Erfolgsfaktoren auf den konkreten Einzelfall angepasst werden können – und müssen. Das Modell gibt für die Operationalisierung der Erfolgsfaktoren nur Anhaltspunkte und Hilfestellungen, etwa in der Form von Stichworten und Leitfragen, verlangt aber ausdrücklich, dass die Fragen, Kriterien und Messgrößen zur Operationalisierung organisationsspezifisch ausfallen müssen. Begreift man das BE-Modell von vornherein nur als Rahmenstruktur, die Anregungen für eine spezifische Umsetzung geben soll, dann sind die Freiheitsgrade noch größer.

Die Anpassung der BE-Modell-Erfolgfaktoren muss für den Gesamtbereich der Politik noch deutlich weiter getrieben werden, um den Besonderheiten der Problemstellung politischer Steuerung gerecht zu werden. Ausgangspunkt für diese Transformation könne ein Vorschlag sein, den Paul Arverson bereits 1999 für die EFQM gemacht hat, wiederum begrenzt auf das Element strategische Ausrichtung.

Tabelle 8: Vergleich der Komponenten strategischer Ausrichtung in privaten und öffentlichen Organisationen

Strategic feature	Private sector	Public sector
General strategic goal	Competitiveness	Mission effectiveness
General financial goals	Profit; growth, market share	Cost reduction, efficiency
Values	Innovation; creativity; good will; recognition	Accountability to public; integrity; fairness
Desired outcome	Customer satisfaction	Customer satisfaction
Stakeholders	Stockholders; owners; market	Taxpayers; inspectors; legislators
Budget priorities defined by:	Customer demand	Leadership; legislators; planners
Justification for secrecy	Protection of intellectual capital; proprietary knowledge	National security
Key success factors	Growth rate; earnings; market share; Uniqueness; advanced technology	Best management practice; sameness; economies of scale; standardized technology

Quelle: Arveson 1999: 2.

Es erweist sich, dass Arverson im Interesse eines möglichst klaren Kontrastes die aus heutiger Sicht wichtigsten Faktoren vernachlässigt, welche die Herausforderungen an politische Steuerung im Kontext von Globalisierung und Wissensbasierung charakterisieren:

- Wettbewerbsdruck der Governance-Regime;
- Einschränkung staatlicher Steuerungswirkung durch globale Entgrenzung und Entterritorialisierung;
- Veränderung der Zeithorizonte für politische Steuerung durch globalen Innovationsdruck, real-time- und on-line-Kommunikationsprozesse;
- Verringerung der Bedeutung der Bindung an Orte (auch: Standorte) durch Virtualisierung, Vernetzung, Digitalisierung und Flexibilisierung;
- Vernetzung von privaten und öffentlichen Leistungsprozessen zu »public-private-partnerships«;
- durchdringende Wissensbasierung von Entscheidungsprozessen;
- Umbau globaler Governance-Regime von machtbasierten zu wissens-basierten Entscheidungsprozeduren – beispielhaft WTO, WHO, IMF, Basler Ausschuss;
- Umbau der Entscheidungsrationalität in Kontexten organisierter Komplexität von Dezision zu Diskurs;
- entsprechende Verlagerung von Machtkapital zu intellektuellem Kapital;
- steigende Abhängigkeit aller komplexer Entscheidungskonstellationen von Expertise und Experten sowie Expertinnen.

Bei der Frage der Performanz politischer Steuerung geht es nicht darum, die Logik der Macht durch die Logik des Wissens zu ersetzen – das ist ausgeschlossen, weil Politik in demokratischen Systemen nach wie vor dadurch geprägt ist, dass kollektiv verbindliche Entscheidungen durch die Mehrheit der Legislative getroffen werden. Vielmehr geht es bei struktureller Kopplung darum, die machtbasierte Operationsform der Politik durch *wissensbasierte Infrastrukturen und Suprastrukturen* zu unterfüttern und zu komplementieren. Es geht also nicht um eine Herrschaft der Weisen, sondern um weise Herrschaft. Das *Wie* der politischen Entscheidungen bleibt nach wie vor demokratischer prozeduraler Rationalität vorbehalten, während das *Was* von Entscheidungen immer stärker und immer unentrinnbarer von inhaltlichen Kriterien der Expertise und Kompetenz bestimmt wird.

Sicherlich ist dies keine prinzipiell neue Einsicht. Auch bislang sind die Inhalte politischer Entscheidungen massiv von der Kommitologie der Ministerien, vom Ausschusswesen des Parlaments, von unzähligen Räten, Kommissionen, Beratern etc. vorbereitet worden. Allerdings fehlt hier bislang eine strategische Linie ebenso wie eine Zusammenführung der vielfältigen und heterogenen Positionen unter Aspekten politischer Steuerung. Qualitativ neue Modelle der Verknüpfung von formalen und inhaltlichen Kompetenzen verlangt die Wissensgesellschaft deshalb, weil sie den Erfolg politischer Steuerung weniger von formaler Richtigkeit als von sachlogischer Passung abhängig macht und damit die Kriterien für die *Bedingungen der Möglichkeit gelingender politischer Steuerung grundlegend verändert.*

Nur wenn es gelingt, die Politik und ihre Akteure davon zu überzeugen, dass die Erfolgskriterien für politische Steuerung im Kontext von Weltgesellschaft und Wissensgesellschaft eine Ausweitung der Ressourcen der Politik von Macht und machtbasierter Entscheidung über Geld hin auf Macht, Geld *und Wissen* zwingend machen, sind die Voraussetzungen dafür gegeben, die Politik in ihrer eigenen Logik der Machtgewinnung und Machterhaltung zu erreichen. Tatsächlich bietet das BE-Modell dafür eine gute Voraussetzung, weil sich daran leicht demonstrieren lässt, wie die auf Unternehmen gemünzten Erfolgsfaktoren und Ergebnistypen als wissensbasierte Komponenten umgebildet werden können.

4. Kollektive Intelligenz

Die Schwierigkeiten der Dechiffrierung der wissensbasierten Weltsysteme liegen darin begründet, dass sich die gegenwärtigen Sozialwissenschaften unter dem Einfluss eines orthodoxen methodologischen und konzeptionellen Individualismus das nicht mehr vorstellen kann, was die globalen Netze der Kommunikation zuallererst bedeuten: die Möglichkeit der Schaffung von Dispositiven (grundlegenden Mustern) *kollektiver Intelligenz.*

Für den Fall von kleinen Gruppen, die auf engstem realen Raum eine hochverdichtete Kommunikation aufbauen, in der Regel ohne Worte, gilt die Vorstellung einer kollektiven Intelligenz zumindest für manche Soziologen noch als zulässig. Jazz-Musiker in abgehobenen Jam-Sessions, Basketball-Mannschaften in lichten Höhenflügen eines mühelosen virtuosen Zusammenspiels oder Flugsicherungsteams in spielerisch beherrschten Krisensituationen sind Beispiele für Erfahrungen einer kollektiven Intelligenz, die als emergente Qualität des Systems aus den Einzelmerkmalen seiner Mitglieder nicht erklärbar ist. Das kritische Element für die Erklärung der besonderen Operationsweise einer solchen »high-reliability«-Organisation betrifft eine bemerkenswerte Wandelbarkeit und Kontextsensitivität von Koordinationsstrukturen.

Damit ist gemeint, dass das System in der Lage ist, je nach der Besonderheit der Entscheidungssituation die Form des Entscheidens zu variieren, *ohne dass die Variationen die Grundregeln des Entscheidens außer Kraft setzen würden.* Unterscheidet man dreistufig zwischen normalen Operationen, verdichteten Operationen und Krisenoperationen, so liegt auf der Hand, dass ein einziges Muster der Koordination kaum optimal auf alle drei Typen der Operationsweise angepasst sein kann. Wenn nicht voraussehbar ist, wann und unter welchen Umständen die Organisation von normal auf verdichtet oder gar auf Krise heraufschalten muss und wenn keinerlei Zeit bleibt, um sich in der Situation selbst über geeignete Koordinationsformen klar zu werden, dann empfiehlt sich – das sah schon Ross Ashby in der frühen Kybernetik – ein ultrastabiles System mit der Fähigkeit, bei Bedarf automatisch auf die optimal geeignete Steuerungsform umzuschalten (Ashby 1958). Tatsächlich haben Todd LaPorte und Paula Consolini in Hochleistungsorganisationen diese Fähigkeit beobachten können (LaPorte/Consolini 1991).

Beachtlich ist vor allem die Einsicht, dass es *die gleichen Personen* sind, die je nach geltendem (eingeschaltetem) Modus der Koordination tatsächlich *unterschiedlich* kommunizieren, interagieren und in einer anderen Weise zu Entscheidungen gelangen. Erst das Zusammenspiel von Personen, die gelernt haben, mit unterschiedlichen Modi umzugehen, und von systemischen Mustern und Regelsystemen, in denen die Intelligenz des Kollektivs eingelagert ist, ergeben insgesamt die Fähigkeit des Teams, mit qualitativ unterschiedlichen Stufen von Anforderungen fertig zu werden, ohne ihre Strukturen aufzugeben oder jeweils neu erfinden zu müssen. Das kollektive Handeln wird von einem Dispositiv kollektiver Intelligenz geleitet, welches in den transindividuellen Regeln und Formen der Kommunikation eingelagert ist und einem Raum konstituiert, »in dem Gemeinschaften mit sich selbst kommunizieren können, ohne Umweg über eine Gottheit oder eine wie immer geartete andere transzendente Vorstellung. [...] Die virtuellen Welten verstehen sich als Instrumente der Selbsterkenntnis, der Selbstdefinition von Gruppen von Menschen, die sich so als kollektive, autonome und autopoietische Intelligenz konstituieren« (Lévy 1997: 106).

Das Projekt einer Atheologie der kollektiven Intelligenz, das Pierre Lévy auf mittelalterlichen Traditionen islamischer und jüdischer Theosophen aufbaut und als Anthropologie des Cyberspace verfolgt, lässt sich unter soziologischen Gesichtspunkten nicht nur an den genannten Fällen verdichteter Gruppenkommunikation aufgreifen. Auch die durchaus pragmatisch gedachte Managementidee der »intelligenten Firma« (Quinn 1992) und des organisationalen Wissensmanagements postulieren eine kollektive Intelligenz von Organisationen, die genau darin ihre Bedeutung findet, dass sie sich von der bloßen Aggregation der individuellen Intelligenzen unterscheidet, also eine systemische Qualität bezeichnet.

Die organisationale Form kollektiver Intelligenz zielt auf einen offenbar uralten menschlichen Traum der Überwindung der Grenzen des individuellen Wissens. Wie Rituale, Mythen, Bücher oder Bibliotheken auch, erweitert jede Form sozial gespeicherter Intelligenz den Möglichkeitsraum eines fokussierten und in Grenzen kumulativen individuellen Wissens. Personale Intelligenz findet so eine mehr oder weniger elaborierte Architektur sozial gespeicherter Intelligenz vor, ein Labyrinth möglicher Aufmerksamkeits- und Betätigungsfelder. Aber erst die Erfindung der formalen Organisation transponiert diese flache, an die individuelle Sozialisation gebundene Grundarchitektur in eine dritte Dimension. Indem formale Organisationen auf der Basis transpersonaler Regeln und Routinen mit sanktioniertem Geltungsanspruch die Kommunikation mit Abwesenden erlauben und über diesen Kunstgriff sich zwar nicht von Personen, aber doch von jedweder einzelnen konkreten Person unabhängig machen, schaffen sie einen Humus an sozial etablierter und konfirmierter Kommunikationsformen, die, wie Bücher, ihr eigenes Schicksal haben, weil nicht mehr kalkulierbar ist, wer mit diesen Formen wie kommuniziert.

All dies erinnert nicht zufällig an die Funktion von Religionssystemen als frühkulturelle Formen formaler Organisationen. Die großen monotheistischen Religionen postulieren in ihren heiligen Büchern transpersonale Regelsysteme, welche die Kommunikation mit dem abwesenden Gott, aber auch mit abwesenden Heroen des Glaubens und des religiösen Wissens erlauben. Tatsächlich können die großen Kirchen bis heute als Prototypen der Ausbildung und Pflege organisationaler Intelligenz betrachtet werden. In ihren Akten, Schriften und Bibliotheken dokumentieren sie das kanonisierte Wissen von Generationen und Jahrhunderten, welches von ihren individuellen Stiftern abstrahiert und in endlosen Schleifen der Exegese und Reflexion die kollektive Intelligenz der Organisation konstituiert. So kann die kollektive Intelligenz von Organisationen wachsen (und schrumpfen), während die personale Intelligenz der durchlaufenden Generationen in engen genetischen und sozialisatorischen Grenzen im Prinzip gleich bleibt.

Seitdem mit der allgemeinen Schulpflicht und einer im Grundsatz kontinuierlichen Weiterbildung (in einigen OECD-Staaten) der Spielraum für die Entfaltung individueller Intelligenz weitgehend erschöpft ist, sind Steigerungen der Intelligenz auf soziale und künstliche Systeme (Kollektive und Maschinen) beschränkt. Man mag gegenüber der Realität der Person diese kollektive Intelligenz unreal oder virtuell nennen, an der Sachlage ändert dies nichts. »Dadurch, dass diese virtuellen Welten die Komplexität und Transformationen der irdischen Welt synthetisieren, ermöglichen sie es den Intelligenzen, in Kommunikation miteinander zu treten, und begleiten Individuen und Gruppen bei ihrem Navigieren durch das kollektive Wissen« (Lévy 1997: 107). Dies ist keine überraschende Einsicht. Menschen tun wenig, was sie vor 1000 oder 100.000 Jahren nicht auch schon getan haben. Die umstürzenden Veränderungen seither verdanken sich in erster Linie Veränderungen sozialer Organisationsformen und Formen kollektiver Intelligenz.

Das Problem, dem sich Soziologie verdankt und das sie legitimieren könnte, ist darin zu sehen, dass die meisten Menschen diese Option als Kränkung verstehen und deshalb alles daran setzen, die Fortschritte kollektiver Intelligenz auf individuelle Handlungen herunterzurechnen. So bieten »rational choice« und »ökonomische Analysen« des Sozialen nach wie vor die Möglichkeit, sich wissenschaftlich fundiert der Einsicht zu entziehen, dass Menschen als Individuen – gemessen an den Ansprüchen moderner Gesellschaften – weder besonders rational noch besonders intelligent handeln. Vermutlich ändert sich dies erst dann, wenn die Einsicht in diese Einsicht Rendite abwirft. Genau dies zeichnet sich mit der Idee der intelligenten Organisation ab.

Wenn der Kern von Intelligenz Lernfähigkeit ist, dann setzt organisationale Intelligenz voraus, dass Organisationen als Organisationen, als soziale Systeme, lernen. Es genügt also nicht, dass nur Personen als Mitglieder der Organisation lernen. Beispielsweise sind die studierenden und forschenden Mitglieder der deutschen Universitäten eher lernfähige und in diesem Sinne intelligente Menschen, während die Universitäten als Systeme seit den Humboldt'schen Reformen wenig dazugelernt haben und in diesem Sinne bemerkenswert dumm sind. Auch viele andere Organisationen von klassischen Professionen, etwa Anwaltskanzleien, Lehrerkollegien, Ärztepraxen oder Kabinette sind als soziale Systeme erstaunlich dumm und behindern eher die Entfaltung der Intelligenz ihrer Mitglieder, als dass sie diese unterstützten (Willke 1997a).

Systemische Intelligenz erfordert demnach andere Qualitäten als die bloße Summierung individueller Intelligenzen. Für alle Befürworter der Beschränkung von Ratio und Intelligenz auf den Menschen ist dies wenig schmeichelhaft. Aber die durchaus zählbaren Erfolge intelligenter Organisationen und die zum kritischen Wettbewerbsfaktor avancierende Fähigkeit zu organisationalem Wissensmanagement scheinen darauf wenig Rücksicht zu nehmen.

Erstaunlich ist eher, dass die reichen Traditionen des philosophischen Umgangs mit Formen kollektiver Intelligenz von den individualistischen Rationalismen der Moderne so gründlich verdrängt worden sind, obwohl Emile Durkheim auf dem kollektiven Bewussten und Carl G. Jung auf dem kollektiven Unbewussten bestanden hatten. Vielleicht sitzt die Angst vor kollektiver Hysterie und kollektivem Wahn noch zu tief, als dass man die andere Seite, die Möglichkeit kollektiver Intelligenz, wirklich ernst nehmen könnte.

Immerhin aber sind die demokratischen Systeme der modernen westlichen Gesellschaften Musterfälle für eine hochentwickelte institutionelle Intelligenz; sie exemplifizieren das Leistungsvermögen kollektiver Intelligenz und belegen in bemerkenswerter Kontinuität, dass institutionelle Regelsysteme in historischen Lernprozessen zu einer kollektiven Intelligenz heranreifen können, welche in hohem Maße Schwächen und Mittelmäßigkeiten der menschlichen Akteure kompensieren. So zeigen die Verfassungsgeschichte seit der Magna Charta und die tief in die großen Gesetzeswerke (vom Code Napoleon über das BGB bis zu den Wahlgesetzen) eingelassene Lerngeschichte der Regulierung komplexer Sachverhalte eine imponierende kumulative institutionelle Intelligenz. Sie erweisen genau darin ihren Sinn, dass sie transpersonale Handlungsmuster und Präferenzlinien festlegen und so bestimmte sensitive Bereiche kollektiven Entscheidens von den schwer durchschaubaren Kalkülen individueller Intelligenzen und Rationalitäten unabhängiger machen.

Ohne Zweifel ist mit der Möglichkeit kollektiver Intelligenz immer auch die andere Seite der Möglichkeit institutioneller Borniertheit und Rigidität gegeben. Auch institutionelle Lernprozesse können, wie individuelle, pathologisch werden, wenn sie vom schmalen Grat ›adäquaten Lernens‹ abstürzen und stattdessen aus einer glorifizierten Vergangenheit oder aus einer verklärten Zukunft lernen. Für den Fall politischer Systeme haben dies Karl W. Deutsch und Amitai Etzioni eindringlich dargestellt (Deutsch 1970; Etzioni 1971). Für den Fall des Lernens von Organisationen haben vor allem Chris Argyris und Donald Schön beharrlich sowohl die Chancen kollektiver Intelligenz wie auch die Risiken eines pathologischen kollektiven Lernens erforscht (Argyris/Schön 1996).

Wenn soziale Systeme lernen können, dann können sie auch Wissen generieren, speichern und in systemisch organisierten Prozessen anwenden. Kollektive Intelligenz reagiert auf alle Raffinessen der infrastrukturellen und maschinellen Unterstützung, der Strukturvariation und Prozesssteuerung, der Arbeitsteilung und Rekombination, der Kombinatorik und Dekomposition, kurz: der Steuerung und des Wissensmanagements komplexer Sozialsysteme. Die Plastizität sozialer Systeme und die Steigerbarkeit kollektiver Intelligenz erweisen sich darin als kritische Bedingungen der Möglichkeit, die Würde des Menschen als Menschen zu erhalten: exogene, künstliche Veränderungen seiner mentalen Ausstattung sind weder erforderlich noch relevant, wenn die weitaus umfassenderen Möglichkeiten der Steuerung sozialer Systeme sinnvoll genutzt werden. Ja, die Singularität der Menschen bereichert die Möglichkeiten der Variation von kollektiver Intelligenz.

Was im Mythos die Augen der Engel als Spiegel für die hellsichtigsten Seher unter den Menschen leisten, übernehmen nun die Spiegelantennen der Satellitennetze – jedenfalls als Möglichkeit. Dieser Raum ›kosmischer Simulationen‹ fundiert einerseits als globale Infrastruktur die entstehende Weltgesellschaft, andererseits bildet er das Dispositiv einer ausbaubaren kollektiven Intelligenz. Damit ist gemeint, dass auf dem Fundament dieser Infrastruktur alle erdenklichen Ausprägungen und Formen kollektiver Intelligenz möglich werden, vom »concurrent engineering« einer global verteilten Firma über den dezentral verteilten Aufbau einer genuinen korporativen Intelligenz von ›Global Players‹, etwa der großen Rating-Agenturen wie »Standard & Poor's«, der großen Beratungsfirmen wie »McKinsey« oder der großen Medienkonzerne wie CNN, bis zu dem gezielten Aufbau einer auf Wissensmanagement gestützten kollektiven Intelligenz transnationaler Institutionen wie »Greenpeace«, »Weltbank« oder ILO. Es ist diese Potentialität der neuen infrastrukturellen Megamaschinen, die aus dem scheinbar profanen Prozess der kontinuierlichen Verdichtung transnationaler Kommunikationsnetze und

Kommunikationsmuster Diskontinuitäten der Gesellschaftsgeschichte hervorbringen – etwa die Transformation der Industriegesellschaft zur Wissensgesellschaft.

Es braucht nicht viel Phantasie, um zu vermuten, dass die Möglichkeiten und Risiken globaler Governanz mit den Möglichkeiten und Risiken der globalen Wissensgesellschaft eng zusammenhängen. Tatsächlich ist plausibel, dass die große Herausforderung nicht die Globalisierung an sich ist, sondern das gleichzeitige, widersprüchliche und sich wechselseitig steigernde Zusammenspiel von Weltgesellschaft und Wissensgesellschaft. Beide Formen von Gesellschaft sind erst im Entstehen begriffen und weit von einer gültigen Ausprägung entfernt. Genau dies verleiht den Dynamiken der Globalisierung und der Wissensbasierung der lateralen Weltsysteme ihre Brisanz.

Der an nationalstaatlichen Kategorien ausgerichtete Gesellschaftsbegriff der Soziologie hat seinen Dienst getan und könnte sich nun verabschieden. Er ist überkommen und unbrauchbar, wenn es um das soziologische Verstehen der sich dynamisch und nachhaltig ausbildenden globalen Kontexte geht. Soziologie entsteht als Wissenschaft von der Gesellschaft aus den Erschütterungen des Überganges vom Ancien Régime zum demokratisch legitimierten Nationalstaat, des Überganges von der Merkantilwirtschaft des frühen Nationalstaates zum Kapitalismus der bürgerlichen Gesellschaft und des Überganges von einer religiös legitimierten Ordnung der Gesellschaft zur Idee der Machbarkeit gesellschaftlicher Ordnung.

Beobachter wie Saint-Simon, Hegel oder Marx geben einer embryonalen Soziologie die Themen vor, an denen sie sich bis heute abarbeitet. Wie Gesellschaft funktioniere, was sie ausmache, ob und wie sie zu verändern sei, welcher Entwicklungslogik sie gehorche und wie das Verhältnis zwischen dieser Gesellschaft und ihren Mitgliedern zu verstehen sei – dies bleiben bis heute die Leitfragen der Bereiche von Soziologie, die ihren konstituierenden Gegenstand – Gesellschaft – nicht inzwischen ganz aus dem Auge verloren haben.

Es ist kein Zufall, dass sich jede wissenschaftliche Disziplin gerade mit ihrem konstituierenden Grundbegriff oder Grundproblem besonders schwer tut: die Biologie mit einer Theorie des Lebens, die Ökonomik mit einer Theorie des Marktes, die Physik mit einer Theorie der Materie, die Psychologie mit einer Theorie der Psyche usw., und so auch die Soziologie mit einer Theorie der Gesellschaft. Denn in diesem Grundbegriff konvergieren alle Detailprobleme des Faches wie im Brennpunkt eines Hohlspiegels und heizen die Temperatur der Auseinandersetzung auf. Viele haben daraus den Schluss gezogen, dass sich eine Behandlung der Kernthematik nicht lohne, bevor nicht Myriaden von Teilproblemen gelöst seien. Da die Analyse von Teilproblemen allerdings zu nichts anderem führt als zu weiteren Teilproblemen, ist diese Verschreibung ein sicheres Rezept für einen disziplinspezifischen Partikularismus, der immer kleiner geschnittene Probleme immer differenzierter analysiert und dabei verlässlich den Zusammenhang des Ganzen aus den Augen verliert.

Nur an bestimmten kritischen Punkten der Disziplingeschichte, an historischen Zäsuren, ideologischen Verzweigungen, unter dem Eindruck singulärer äußerer Ereignisse oder wissenschaftlicher Revolutionen scheint eine Disziplin überhaupt die Kraft aufzubringen, sich den Grundfragen (wieder) zuzuwenden und für einen Augenblick der Anästhesie des Tagesgeschäfts zu entrinnen. In der zweiten Hälfte dieses Jahrhunderts gab es nur zwei historische Zäsuren, die den westlichen Sozialwissenschaften als Kristallisationspunkte für Auseinandersetzungen über ihren Gesellschaftsbegriff dienen konnten: 1968 und 1989. Das eine Datum markiert den Kulminationspunkt eines vielschichtigen Selbstzweifels an einer pluralistischen Demokratie auf kapitalistischer Basis, welcher der Vietnamkrieg den Schein formaler Legitimität entzogen hatte. Das zweite Datum markiert paradoxerweise den globalen Sieg genau dieser Gesellschaftsform pluralistischer Demokratie auf kapitalistischer Basis gegenüber ihrer einzigen real bedrohlichen Konkurrenz.

Bemerkenswert an dieser Konstellation ist vor allem der perplexe Zusammenhang der beiden Daten. 1968 war der europäischen, vor allem der deutschen Soziologie und Politikwissenschaft Anlass, der kapitalistischen Gesellschaft ihre Unhaltbarkeit zu bescheinigen und sie auf die Unausweichlichkeit einer neo-marxistischen, kritischen, jedenfalls anderen Gesellschaft einzustimmen. Ziemlich plötzlich wurde Gesellschaftstheorie als soziologisches Thema wiederentdeckt. Aber es gab keine Kontroverse. Es gab innerhalb des eigenen Spielfeldes keine Gegner, die vom ›Mainstream‹ der kritischen Gesellschaftstheorie wahr- oder ernst genommen wurden. Sie musste sich einen Gegner erfinden, um im Geschäft zu bleiben.

Tatsächlich gelang dies mit der Inthronisation der Luhmann'schen Systemtheorie als Sparringpartner. Schon der Titel des fokalen Buches verrät die Unwirklichkeit der Auseinandersetzung: »Gesellschaftstheorie oder Sozialtechnologie – was leistet die Systemtheorie?« Die Ironie dieses Titels lag darin, »dass keiner der Autoren sich für Sozialtechnologie stark machen wollte, aber

Meinungsverschiedenheiten darüber bestanden, wie eine Theorie der Gesellschaft auszusehen habe« (Luhmann 1997: 11).

Nicht die unterschiedlichen Gesellschaftskonzeptionen von kritischer Theorie und Systemtheorie standen zur Debatte, sondern der weiße Ritter, der die Gesellschaftstheorie für sich gepachtet hatte, griff sich irgendeinen Spitzbuben und macht ihn zum Verfechter von Sozialtechnologie. Der Ausgang des Kampfes, der natürlich als Diskurs organisiert war, lag fest, und niemand konnte darüber ernsthaft ins Grübeln geraten. Außer Luhmann – der brauchte die Bühne eines Schaukampfes, weil unter den 1968 gegebenen Bedingungen niemand in der deutschen Soziologie sonst auf ihn aufmerksam geworden wäre. Aber er spielte nach eigenen Regeln. Er wollte tatsächlich eine Auseinandersetzung um Gesellschaftstheorie. Luhmann führte diese Auseinandersetzung ein ganzes Forscherleben lang. Auch ihm kam unterwegs der Gegner abhanden, und er führte in den letzten zehn Jahren die Auseinandersetzung nur noch mit sich selbst und seiner eigenen Theorie. Er wurde dabei zu einem der ganz wenigen Soziologen, der eine dem letzten Jahrhundert angemessene Gesellschaftstheorie vorgelegt hat.

1989 war den Sozialwissenschaften Anlass, im geschützten Raum einer konkurrenzlosen Konstellation die Frage der Transformation des Ostens vorsichtig auch in die Frage einer Transformation des Westens weiterzudenken. Zwar gibt es keine relevanten grundlegenden Zweifel am Kapitalismus, und selbst die Frage ökologischer Risiken mutiert zu einem immanent zu lösenden Managementproblem, wie beispielhaft die problemlose Regierungsbeteiligung der Grünen nach der Wahl 1998 zeigt. Aber der Kapitalismus selbst mutiert von einer nationalstaatlich regulierten und sozialstaatlich gebändigten Säule der territorialen Gesellschaften zum Sprengsatz eben dieser Gesellschaftsform.

Der Zwang zu den Chancen der Globalisierung, gestützt auf Digitalisierung, Vernetzung und globale Infrastrukturen, treibt die ökonomische Logik zu einer Verabsolutierung der Kosten-Nutzen-Kalküle ohne weitere Rücksichten auf die tradierte Einbettung in je unterschiedliche territorialgesellschaftliche Kontexte. Die deregulierten und liberalisierten transnationalen Finanzströme verknüpfen sich zu einem globalen Finanzsystem, das in der Form einer die reale Ökonomie spiegelnden virtuellen Ökonomie mit Devisen, Wertpapieren und Derivaten handelt und die davon abhängige Ökonomie zu globaler Konkurrenz zwingt: Das Spiegelbild steuert die Bewegungen des realen Systems, die Welt ›hinter den Spiegeln‹ erweist sich als die wirkungsmächtigere. Die Auflösung der Relevanzen territorialer Grenzen korrespondiert mit der Auflösung zeitlicher Grenzen. Die Formel der globalen Netze lautet: »No geographical or temporal boundaries exist. N relations flow 24 by 7 by 365« (Kelly 1997: 12).

Diese Umwälzung ist Teil und Symptom einer Auflösung der nationalstaatlich organisierten Gesellschaften, welche über mehrere Jahrhunderte die Entwicklung der westlichen Moderne geprägt haben. Mit dem Poröswerden dieser Gesellschaften und ihrer Auflösung in transnationalen oder postnationalen Kontexten droht der Soziologie ihr konstituierender Gegenstand abhanden zu kommen. Das muss niemanden stören. Insbesondere das, was sich empirische Sozialforschung nennt, lässt sich trefflich ohne Gesellschaftsbegriff und ohne Gesellschaftstheorie betreiben, denn irgendwelche Fakten lassen sich überall finden. Aber einer Soziologie, die der Einheit ihrer Disziplin noch Bedeutung beimisst, steht mit dem Dahinschwinden der nationalstaatlich gefassten Gesellschaft die Frage ins Haus, wie sie es denn nun mit der Gesellschaft halten wolle und ob sie sich als Disziplin nicht besser in ihre Teilsoziologien auflösen sollte.

Die Frage macht deutlich, dass die Soziologie als Disziplin selbst dann, wenn sie den Gesellschaftsbegriff ernst genommen hat, also etwa bei Hegel, Marx, Durkeim, Parsons oder Etzioni, in einer bemerkenswerten Naivität den Nationalstaat mit der Gesellschaft gleichsetzt, also eine historisch kontingente, immer auch anders mögliche Form der Vergemeinschaftung zur »Gesellschaft« verabsolutiert. Die alltagssprachliche Rede von der französischen, deutschen oder amerikanischen Gesellschaft war offenbar so mächtig und die gesellschaftsbildende Relevanz der nationalen Kontexte so plausibel, dass ein abstrakterer oder generalisierter Gesellschaftsbegriff nicht als dringlich empfunden wurde. Noch die Ideen der bürgerlichen oder der kapitalistischen oder der sozialistischen Gesellschaft, die als Begriffe darauf angelegt waren, das Korsett der nationalstaatlichen Verengung abzuschütteln, erlagen in der Durchführung der Gewalt nationalstaatlich geprägten Denkens.

Geradezu frappierend ist in diesem Zusammenhang das Versagen der »Kritischen Theorie«. Hier genügt festzuhalten, dass selbst die Hilfestellung dialektischen Denkens die Kritische Theorie nicht dazu führte, sich als Teil und Beobachter einer Gesellschaft zu sehen, die diese Möglichkeit der Selbstbeobachtung überhaupt erst hervorgebracht hatte, und die deshalb vor jeder Transformation zuerst die Veränderung der Beobachter und der Selbstbeobachtung verlangte.

1989 und die in dieser Implosion manifest gewordene Gewalt der Globalisierung entzieht der Soziologie den Schleier der Ignoranz ihres Gesellschaftsbegriffs. Je deutlicher hervortritt, dass Gesellschaft in der Form des Nationalstaates bloß historisch Kontingentes bezeichnet und eine Phase der Gesellschaftsgeschichte umschreibt, die ebenso kontingente Fortsetzungen finden wird, desto dringlicher braucht die Soziologie einen Begriff von Gesellschaft, der auf Grundsätzlicheres zielt, nämlich auf die Bedingungen der Möglichkeit von Gesellschaft. Handfeste Empiriker sind von dieser Fragestellung selten beeindruckt, denn sie meinen ja zu sehen, dass Gesellschaft möglich ist, und das sollte genügen. Mit einer Tieferlegung des Gesellschaftsbegriffes sind beileibe nicht nur ›theoretische‹ Fragen betroffen, sondern existenzielle. Denn es geht um Art und Weisen des Beobachtens und damit um eine Kernfrage der Beziehung zur Welt. Es ist daher zu befürchten, dass unterschiedliche Gesellschaftsbegriffe nicht zum gelehrten Diskurs einladen, sondern das Gesetz der Missverständnisse evoziert, »das unvermeidlich die entzweit, die mit allzu verschiedenen Methoden dasselbe (und eben doch nicht dasselbe) Problem lösen sollen« (Sloterdijk 1998: 54).

Moderne Organisationen und Gesellschaften befinden sich im Umbruch zu wissensbasierten Systemen. Neben die traditionellen Infrastrukturen der Macht und des Geldes tritt mit zunehmendem Gewicht Wissen als Operationsbedingung und als notwendige Steuerungsressource. Wissen im Allgemeinen und Expertise als systematisiertes und organisiertes Wissen im Besonderen verändern soziale Ordnung kontinuierlich, seit die Verwendung von Wissen nicht mehr altes, unvordenkliches Wissen betont, sondern *neues* Wissen. Die Umkehrung der Zeitorientierung von der Vergangenheit auf die Zukunft, welche die Neuzeit kennzeichnet, erfasst auch das Medium des Wissens. Sie bewirkt, dass die kollektive Wirkung des Wissens sich nicht mehr in der Tradierung der bestehenden ›alten‹ Ordnung erschöpft, sondern sich in Richtung Steuerung transformiert, also in Richtung einer gezielten Veränderung naturwüchsiger Verläufe in Richtung auf projektierte Zwecke und unwahrscheinliche Entwicklungslinien.

Die revolutionäre Idee der *Machbarkeit* sozialer Verhältnisse gründet schon bei Machiavelli nicht mehr nur auf dem gezielten Einsatz von Macht, sondern auch von Wissen. Giambattista Vico vertrat zu Beginn des 18. Jahrhunderts die Idee einer Säkularisierung der Geschichte und wagte die Behauptung, dass die historische Welt vom Menschen gemacht sei. Unter dem Eindruck der Französischen Revolution und ihrer Auswüchse forderte schließlich Henri de Saint-Simon, dass die Revolutionierung der Gesellschaft weder den Metaphysikern noch den Juristen überlassen werden könne, sondern dass eine wirkliche Reorganisation der Gesellschaft nur unter der Führung von Industriellen und Wissenschaftlern gelingen könne. Seitdem schreitet neben der Industrialisierung auch die Verwissenschaftlichung der Gesellschaft voran.

Eine Wissensgesellschaft ist nicht nur dadurch gekennzeichnet, dass ihre Mitglieder im Durchschnitt längere und professionellere Ausbildungen genießen, dass mehr Produkte mit eingebauter Intelligenz versehen sind, und dass ihre Organisationen sich zu wissensbasierten Organisationen transformieren. Auch die Infrastrukturen globaler Kommunikation sowie die Suprastrukturen der Steuerung komplexer Systeme jeder Art werden wissensintensiv und abhängig von Expertise (siehe als Überblick Abb. 8).

Auch auf der Ebene ihrer *Funktionssysteme* ändert die Bedeutung von Wissen, Intelligenz und Expertise die eingeschliffenen Formen arbeitsteiliger Operationen. Bislang war es geradezu ein Merkmal der Moderne, dass das Wissenschaftssystem für die Erzeugung, Beurteilung, Kanonisierung und Revision des erzeug-

Abbildung 8: Transformation der globalen Ökonomie
zur Wissensgesellschaft

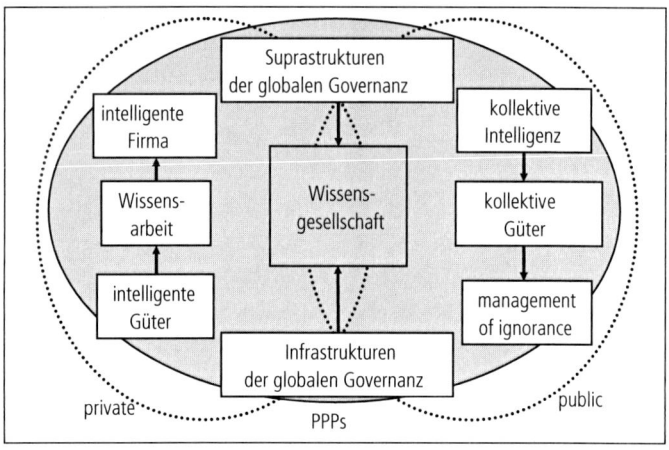

ten Wissens ausschließlich zuständig war. Andere Funktionssysteme wie Politik, Recht, Erziehung, Gesundheit etc. inkorporierten in vermittelnden Prozessen der Politikberatung, der Expertenanhörung, der Pädagogisierung, der Verknüpfung von medizinischer Forschung und Praxis in Universitätskliniken etc. das neue Wissen und formulierten Anforderungen an die Wissenschaft.

Heute dagegen lässt sich eine Aufweichung dieser klaren Arbeitsteilung infolge einer Ausbreitung wissensproduzierender Einrichtungen beobachten. Dabei ist das Wissen von Personen nur eine Form organisierter Information unter anderen. Daneben stehen funktionierende Technologien, Expertise, Intelligenz, implizites Wissen, organisierte Symbolsysteme, organisationales Wissen, wissensbasierte Operationsformen, professionelles Steuerungswissen und vieles andere. Das Wissenschaftssystem ist gar nicht mehr in der Lage, Produktion und Verwendung spezialisierter Expertise zu kontrollieren, die in ›fremden‹ Kontexten anfallen. Vor allem aber ist aufgrund dieser polyzentrischen Produktion von Wissen das Tempo der Wissensrevision so gesteigert, dass der langwierige Umweg über das Wissenschaftssystem kontraproduktiv wäre.

Dass heute das Gesundheitssystem, Politik, Wirtschaft oder das Erziehungssystem umfassend wissensbasiert und wissensabhängig sind, kann nicht überraschen. Aber selbst ein scheinbar so ›natürliches‹ und körpernahes Funktionssystem wie der Sport ist – jedenfalls im Hochleistungssport als seinem Kern – unabdingbar wissensbasiert. Biomechanik, Sportphysiologie, Ernährungswissenschaft, Sportmedizin, wissenschaftliche Trainingslehre, Dopingkontrolle (Bette/Schimank 1994) etc. bilden die Basis, ohne die heute sportliche Höchstleistungen und internationale Medaillen unerreichbar sind.

Diese Veränderung der differenzierten Funktionssysteme moderner Gesellschaften wird durch zwei Merkmale verstärkt. Zum einen schließen sich die bislang national eingebundenen Funktionssysteme (wie dargestellt) zu lateralen Weltsystemen zusammen. Sie entziehen sich dadurch zum Teil dem steuernden Zugriff der nationalen Politiksysteme. Sie bauen gleichzeitig eigene, global orientierte Institutionen der Selbststeuerung auf und verstärken damit ihre Unabhängigkeit von den Steuerungsleistungen der nationalen Politiken. Zum anderen verstärken sie systematisch und ohne Ausnahme ihre eigene Wissensbasierung. Damit verstärken sie nicht nur ihre Unabhängigkeit, vielmehr erwerben sie mit eigener Expertise eine private Autorität und werden dadurch zu unverzichtbaren Partnern im Konzert politischer Steuerung – von »private governance« bis zu den vielfältigen Formen von privat-öffentlichen Partnerschaften, in denen kollaterale Güter hergestellt werden.

Eine Wissensgesellschaft wird sich erst etablieren, wenn eine kritische Masse an Wissensbasierung in die ›normalen‹ Operationsformen aller Funktionssysteme eingelassen ist, wenn also die Politik wie das Gesundheitssystem, das Rechts- wie das Erziehungssystem, die Religion wie der Sport, die Kunst wie die Ökonomie nicht nur gelegentlich und in Sonderfällen auf spezialisiertes Wissen zurückgreifen müssen, um sich zu reproduzieren, sondern wenn dies die Regel wird. Inwieweit dies in den entwickeltsten Gesellschaften bereits der Fall ist, kann hier offen bleiben. Wenn die laufende Transformation moderner Demokratien auch nur annähernd das Tempo mit den sich überstürzenden Veränderungen ihrer Organisationen zu intelligenten, wissensba-

sierten Systemen hält, dann wird sich die Wissensgesellschaft jedenfalls schneller etablieren, als das Wissenschaftssystem sie zu
denken vermag.

Abbott, Kenneth/Snidal, Duncan (2000): »Hard and soft law in international governance«. In: *International Organizations* 54: 421-456.

Argyris, Chris/Schön, Donald (1996): *Organizational learning II. Theory, method, and practice.* Reading, Mass.: Addison-Wesley.

Arrighi, Giovanni/Goldfrank, Walter (2000): »Festschrift for Immanuel Wallerstein, Part I and Part II«. *Journal of World Systems Research* VI.

Arveson, Paul (1998): »What is the Balanced Scorecard?« Balanced Scorecard Institute, Washington, D.C. In: URL: *http://www.balancedscorecard.org.*

Arveson, Paul (1999): »Translating Performance Metrics from the Private to the Public Sector«. Balanced Scorecard Institute, Washington, D.C. In: URL: *http://www.balancedscorecard.org.*

Ashby, Ross (1958): »Requisite variety and its implications for the control of complex systems«. In: *Cybernetica* 1: 83-99.

Ayres, Jeffrey (2004): »Framing collective action against neoliberalism: The case of the ›Anti-globalization‹ movement«. In: *Journal of World Systems Research* X: 11-34.

Barker, Chris (1997): *Global television.* Oxford: Blackwell.

Basel Committee on Banking Supervision (2000): »Credit ratings and complementary sources of credit quality information«. Working paper No. 3, August 2000. In: *http://www.bis.org/publ/bispapers.htm,* zuletzt gesehen am 22.09.2005.

Basel Committee on Banking Supervision (2001): »Consultative Document: Operational Risk«. In: *Bank for International Settlements.* January 2001. Basel.

Benner, Thorsten/Obser, Andreas/Reinicke, Wolfgang/Witte, Jan (2001): »Global Public Policy: Chancen und Herausforderungen vernetzten Regierens«. In: *Zeitschrift für Politik* 48: 359-374.

Berrisch, Georg (1999): »Ministerkonferenz der Welthandelsorganisation WTO«. In: *Frankfurter Allgemeine Zeitung* Nr. 264 vom 12.11.1999, S. 22.

Berthold, Norbert (1996): »Der Sozialstaat auf dem Prüfstand«. In: *Frankfurter Allgemeine Zeitung* Nr. 256 vom 2. 11.1996, S. 15.

Bette, Karl/Schimank, Uwe (1994): »Selbstdiffamierung durch Doping: ein systemisches Risiko des Hochleistungssports«. In: *Spectrum der Sportwissenschaften* 6: 24-37.

Bhagwati, Jagdish (1999): »Globalization: The question of ›appropriate governance‹«. In: URL: *http://www.columbia.edu/~jb38/index_papers.html.*

Black, Julia (2002): »Critical reflections on regulation«. In: Centre for Analysis of Risk and Regulation at the London School of Economics and Political Science. URL: *http://www.lse.ac.uk/collections/CARR.*

Bleicher, Knut (1996): »Integrationsmanagement«. In: Hans-Jörg Bullinger/Hans Warnecke (Hg.), *Neue Organisationsformen im Unternehmen. Ein Handbuch für modernes Management.* Berlin: Springer, S. 346-359.

Bräuer, Norbert (1999): »Stellungnahme zu den BIZ-Kapitalvorschlägen«. In: *Frankfurter Allgemeine Zeitung* Nr. 189 vom 17. 8.1999, S. 29.

Calleo, David (1987): *Beyond American Hegemony.* New York: Basic Books.

Castells, Manuel (2000a): *End of Millenium. The Information Age,* Bd. 3, 2. Auflage. Oxford: Blackwell.

Castells, Manuel (2000b): »Materials for an exploratory theory of the network society«. In: *British Journal of Sociology* 51: 5-24.

Chase-Dunn, Christopher/Kawano, Yukio/Brewer, Benjamin (2000): »Trade globalization since 1795: Waves of integration in the world-system«. In: *American Sociological Review* 65: 77-95.

Cutler, Claire/Haufler, Virginia/Porter, Tony (Hg.) (1999): *Private authority and international affairs.* New York: State University of New York Press.

Dahl, Robert (1967): *Who Governs? Democracy and Power in an American City.* New Haven.

Dahl, Robert (1999): »The shifting boundaries of democratic governments«. In: *Social Research* 66: 915-931.

Dertouzos, Michael/Lester, Richard/Solow, Robert (1990 [1989]): *Made in America. Regaining the productive edge.* New York: Harper.

Deutsch, Karl W. (1970 [1966]): *Politische Kybernetik. Modelle und Perspektiven.* Freiburg: Rombach.

Donges, Juergen/Menzel, Kai/Paulus, Philipp (Hg.) (2003): *Globalisierungskritik auf dem Prüfstand. Ein Almanach aus ökonomischer Sicht.* Stuttgart: Lucius & Lucius.

Driver, Michael/Streufert, Siegfried (1969): »Integrative complexity: An approach to individuals and groups as information-processing systems«. In: *Administrative Science Quarterly* 14: 272-285.

Dürrschmidt, Jörg (2000): *Globalisierung.* Bielefeld: transcript Verlag.

Eichengreen, Barry (1999): *Toward a new international financial architecture. A practical post-asia agenda.* Washington D.C.: Institute for International Economics.

Elster, Jon (1987): *Subversion der Rationalität.* Frankfurt am Main: Campus.

Etzioni, Amitai (1971 [1968]): *The Active Society.* New York: Free Press.

Etzioni, Amitai (1997): *Die Verantwortungsgesellschaft. Individualismus und Moral in der heutigen Demokratie.* Frankfurt am Main; New York: Campus.

Etzioni, Amitai (2004): *From empire to community. A new approach to international relations.* New York: Palgrave.

Everling, Oliver (1999): »Mehr als nur zwei Ratings«. In: *Die Bank,* Heft 4/99: 252-257.

Forst, Annelyse (2000): »Was leistet die Balanced Scorecard?« In: *Wissensmanagement online* 2: 1-8. In: URL: *http://www.wissensmanagement.net.*

Friedman, Milton (2001 [1966]): *Essays in positive economics.* Chicago: University of Chicago Press.

Gates, Christopher (1999): »Community governance«. In: *Futures* 31: 519-525.

Geser, Hans (1990): »Organisationen als soziale Akteure«. In: *Zeitschrift für Soziologie* 19: 401-417.

Gilpin, Robert (2001): *Global political economy*. Princeton: Princeton University Press.

Gotsch, Wilfried (1987): »Soziologische Steuerungstheorie«. In: Manfred Glagow/Helmut Willke (Hg.), *Gesellschaftssteuerung zwischen Korporatismus und Subsidiarität*. Berlin: AJZ, S. 27-44.

Granovetter, Mark (1985): »Economic action and social structure: A theory of embeddedness«. In: *American Journal of Sociology* 91: 481-510.

Granovetter, Mark (1992): »Economic action and social structure: the problem of embeddedness«. In: Mary Zey (Hg.), *Decision Making. Alternatives to rational choice models*. Newbury Park u.a.: Sage, S. 304-333.

Gray, Peter (Hg.) (1998): *Public policy disasters in Western Europe*. London: Routledge.

Grimm, Dieter (Hg.) (1994): *Staatsaufgaben*. Baden-Baden: Nomos.

Guéhenno, Jean-Marie (1995): *The End of the Nation-State*. Minneapolis; London: University of Minnesota Press.

Hand, John/Holthausen, Robert/Leftwich, Richard (1992): »The effect of bond rating agency announcements on bond and stock prices«. In: *The Journal of Finance* XLVII: 733-752.

Harrison, Debbie (2005): »Dear prudence ...«. In: *Financial Times. Special Report. FTfm Trustee summer school. July 18th, 2005. Part 4*, S. 1.

Hayek, Friedrich A. (1945): »The use of knowledge in society«. In: *The American Economic Review* XXXV: 519-530.

Held, David/McGrew, Anthony (Hg.) (2002): *Governing Globalization: Power, Authority and Global Governance*. Cambridge, UK: Polity Press.

Hirschman, Alfred O. (1970): *Exit, Voice, and Loyalty: Responses to Decline in Firms, Organizations, and States*. Cambridge, Mass.: Harvard University Press.

Hirst, Paul/Thompson, Grahame (1996): *Globalization in Question. The International Economy and the Possibilities of Governance*. Cambridge, UK: Polity Press.

Hutter, Michael (2001): »Efficiency, viability and the new rules of the Internet«. In: *European Journal of Law and Economics* 11: 5-22.

Hutter, Michael/Teubner, Gunther (1993): »The parasitic role of hybrids«. In: *Journal of Institutional and Theoretical Economics* 149: 706-715.

Jasanoff, Sheila (1990): »American Exceptionalism and the Political Acknowledgment of Risk«. In: *Daedalus. Proceedings of the American Academy of Arts and Sciences* 119: 61-82.

Kanter, Rosabeth Moss (1996): *Weltklasse. Im globalen Wettbewerb lokal triumphieren*. Wien: Ueberreuter.

Kaplan, Robert/Norton, David (1996): *The Balanced Scorecard*. Boston, Mass.: Harvard Business School Press.

Kaplan, Robert/Norton, David (2004): *Strategy maps. Der Weg von immateriellen Werten zum materiellen Erfolg*. Stuttgart: Schäffer Poeschel.

Kelly, Kevin (1997): »New rules for the new economy«. In: URL: *http://www.wired.com/wired/5.09/newrules.html*, zuletzt gesehen am 22.09.2005.

Keohane, Robert (1984): *After Hegemony. Cooperation and Discord in the World Political Economy*. Princeton, N.J.: Princeton University Press.

Keohane, Robert (1991 [1983]): »The demand for international regimes«. In: Stephen Krasner (Hg.), *International Regimes*. Ithaca; London: Cornell University Press, S. 141-171.

Krasner, Stephen (1999): *Sovereignty. Organized hypocrisy*. Princeton, N.J.: Princeton University Press.

Krasner, Stephen (2001): »Globalization, power, and authority«. In: *http://www.stanford.edu/group/polisci/faculty/Krasner.html*.

Landes, David (1998): *The Wealth and Poverty of Nations – Why Some are so Rich and Some so Poor*. London: Little, Brown & Co.

LaPorte, Todd/Consolini, Paula (1991): »Working in practice but not in theory: theoretical challenges of ›High-Reliability Organizations‹«. In: *Journal of Public Administration Research and Theory* 1: 19-47.

Ledyard, John (1989): »Market failure«. In: John Eatwell/Murray Milgate/Peter Newman (Hg.), *The new Palgrave. Alocation, In-*

formation, and Markets. New York; London: Norton, S. 185-190.

Le Grand, Jilian (2001): »The provision of health care: Is the public sector ethically superior to the private sector?« LSE Health and Social Care Discussion Paper Number 1, November 2001. In: URL: *http://www.lse.ac.uk/collections/LSEHealthAndSocial Care/pdf/DiscussionPaperSeries/DP1_2002.pdf*

Levacic, Rosalind (1993): »Markets and governments: an overview«. In: Grahame Thompson/Jennifer Frances/Rosalind Levacic/Jeremy Mitchell (Hg.), *Markets, Hierarchies and Networks. The Coordination of Social Life.* London: Sage, S. 35-47.

Lévy, Pierre (1997): *Die kollektive Intelligenz. Für eine Anthropologie des Cyberspace.* Mannheim: Bollmann.

Lindblom, Charles (1965): *The Intelligence of Democracy. Decision Making through Mutual Adjustment.* New York: Free Press.

Luhmann, Niklas (1972): *Rechtssoziologie,* 2 Bde. Reinbek bei Hamburg: Rowohlt.

Luhmann, Niklas (1975): *Soziologische Aufklärung, Bd. 2.* Opladen: Westdeutscher Verlag.

Luhmann, Niklas (1991): *Soziologie des Risikos.* Berlin; New York: de Gruyter.

Luhmann, Niklas (1992): *Beobachtungen der Moderne.* Opladen: Westdeutscher Verlag.

Luhmann, Niklas (1997): *Die Gesellschaft der Gesellschaft, 2 Bde.* Frankfurt am Main: Suhrkamp.

Malkin, Jesse/Wildavsky, Aaron (1991): »Why the traditional distinction between public and private goods should be abandoned«. In: *Journal of Theoretical Politics* 3: 355-378.

March, James (1996): »Ambiguity, endogeneity, and intelligence«. In: Massimo Warglien/Michael Masuch (Hg.), *The Logic of Organizational Disorder.* Berlin; New York: de Gruyter, S. 199-205.

March, James/Olsen, Johan (1998): »The institutional dynamics of international political orders«. In: *International Organizations* 52: 943-969.

Markoff, John (1999): »Globalization and the future of democracy«. In: *Journal of World Systems Research* V: 277-309.

Marx, Karl (2005): *Das Kapital. Kritik der politischen Ökonomie. Der Produktionsprozess des Kapitals* (zuerst 1867). Köln: Parkland.

Mayntz, Renate (1987): »Politische Steuerung und gesellschaftliche Steuerungsprobleme – Anmerkungen zu einem theoretischen Paradigma«. In: Heinrich Bußhoff (Hg.), *Jahrbuch zur Staats- und Verwaltungswissenschaft, Bd. 1/1987.* Baden-Baden: Nomos, S. 89-110.

Meyer, John (2000): »Globalization. Sources and effects on national states and societies«. In: *International Sociology* 15: 233-248.

Meyer, John (2005): *Weltkultur: Wie die westlichen Prinzipien die Welt durchdringen.* Frankfurt am Main: Suhrkamp.

Musgrave, Richard et al. (1978 [1973]): *Die öffentlichen Finanzen in Theorie und Praxis, Bd. 1.* Tübingen: Mohr.

Nonaka, Ikujiro/Takeuchi, Hirotaka (1995): *The Knowledge-Creating Company. How Japanese Companies Create the Dynamics of Innovation.* New York; Oxford: Oxford University Press.

Ohmae, Kenichi (1995): *The End of the Nation State: The Rise of Regional Economies.* New York: Free Press.

Osborne, David/Gaebler, Ted (1993): *Reinventing Government. How the Entrepreneural Spirit is Transforming the Public Sector.* New York: Plume.

Peters, Tom/Waterman, Robert (1982): *In Search of Excellence.* New York: Harper & Row.

Power, Michael (1994): *The Audit Explosion.* London: Demos.

Power, Michael (2003): »The invention of operational risk«. *LSE ESRC Centre for Analysis of Risk and Regulation Discussion paper 16.* In: URL: *http://www.lse.ac.uk/collections/CARR/pdf/Disspaper16.pdf,* zuletzt gesehen am 22.09.2005.

Prahalad, Coimbatore/Hamel, Garry (1990): »The core competence of the corporation«. In: *Harvard Business Review,* Vol. May/June: 79-91.

Quinn, James (1992): *Intelligent Enterprise. A Knowledge and Service Based Paradigm for Industry.* New York: Free Press.

Reinicke, Wolfgang (1998): *Global Public Policy. Governing without Government?* Washington, D.C.: Brookings Institution Press.

Robertson, Roland (1998): »Glokalisierung: Homogenität und Heterogenität in Raum und Zeit«. In: Ulrich Beck (Hg.), *Per-*

spektiven der Weltgesellschaft. Frankfurt am Main: Suhrkamp, S. 192-220.

Robertson, Roland (2000): *Globalization: Social Theory and Global Culture*. London: Sage.

Roehl, Heiko/Willke, Helmut (2001): »Kopf oder Zahl? Zur Evaluation komplexer Transformationsprozesse«. In: *Organisationsentwicklung* 20: 24-33.

Rosenau, James (1999): »The future of politics«. In: *Futures* 31: 1005-1016.

Ruggiero, Renato (1999): »Managing the global economy: the role of the WTO«. In: *The international spectator* XXXIV: 17-20.

Sassen, Saskia (1998): »Zur Einbettung des Globalisierungsprozesses: Der Nationalstaat vor neuen Aufgaben«. In: *Berliner Journal für Soziologie* 8: 34-357.

Sassen, Saskia (1999): »Spatialities and temporalities of the global: Elements for a theorization«. In: URL: *http://www2.ucsc. edu/cgirs/publications/cpapers/sassen.pdf*, zuletzt gesehen am 22.09.2005.

Sassen, Saskia (2000): »Territory and territoriality in the global economy«. In: *International Sociology* 15: 372-393.

Sassen, Saskia (2002): »The state and globalization«. In: Rodney Hall/Thomas Biersteker (Hg.), *The Emergence of Private Authority in Global Governance*. Cambridge: Cambridge University Press, S. 91-112.

Schackmann-Fallis, Karl-Peter (1999): »Ein Land erschließt sich neue Investorengruppen«. In: *Börsenzeitung* vom 15.4.1999.

Scharpf, Fritz (1993): »Legitimationsprobleme der Globalisierung. Regieren in Verhandlungssystemen«. In: Carl Böhret/ Göttrik Wewer (Hg.), *Regieren im 21. Jahrhundert – zwischen Globalisierung und Regionalisierung. Festgabe für Hans-Hermann Hartwich zum 65. Geburtstag*. Opladen: Leske + Budrich, S. 165-185.

Schmidt Bies, Susan (2004): »Financial innovation and effective risk management. Remarks by Governor Susan Schmidt Bies to the Financial Service Institute 2004, Washington D.C«. In: *http://www.federalreserve.gov/boarddocs/speeches/2004/20040506*, zuletzt gesehen am 22.09.2005.

Schuhmacher, Torsten (2001): »Die Mär von der strategischen Ausrichtung. Mit Balanced Scorecard zur Unternehmenssteuerung der dritten Generation«. In: *Frankfurter Allgemeine Zeitung* Nr. 36 vom 12.02.2001: 31.

Schulte-Herbrüggen, Walter (2004): »Von Basel II zu Basel III: Die Herausforderungen«. In: *Deutsches Risk. http://www.risk. net.*

Scott, Richard (1994): »Conceptualizing organizational fields. Linking organizations and societal systems«. In: Ulrich Derlien (Hg.), *Systemrationalität und Partialinteresse. Festschrift für Renate Mayntz.* Baden-Baden: Nomos, S. 395-402.

Shonfield, Andrew (1965): *Modern Capitalism. The Changing Balance of Public and Private Power.* London: Oxford University Press.

Sinclair, Timothy (1994): »Between state and market: Hegemony and institutions of collective action under conditions of international capital mobility«. In: *Policy Sciences* 27: 447-466.

Sinclair, Timothy (1999): »Bond-Rating Agencies and Coordination in the Global Political Economy«. In: Claire Cutler/Virginia Haufler/Tony Porter (Hg.), *Private Authority and International Affairs.* New York: New York Press, S. 153-168.

Sinclair, Timothy (2001): »The infrastructure of global governance: Quasi-regulatory mechanisms and the new global finance«. In: *Global Governance* 7: 441-451.

Sinclair, Timothy (2005): *The new masters of capital. American bond rating agencies and the politics of creditworthiness.* Ithaca; London: Cornell University Press.

Sklair, Leslie (1999): »Competing conceptions of globalization«. In: *Journal of World-Systems Research* V: 143-162.

Sloterdijk, Peter (1998): »Immunschwäche im Weltall«. In: *Neure Zürcher Zeitung* Nr. 299 vom 24.12.1998: 53-54.

Stalk, George/Evans, Philip/Shulman, Lawrence (1992): »Competing in capabilities: The new rules of corporate strategy«. In: *Harvard Business Review* 70: 57-69.

Stein, Ursula (1995): *Lex mercatoria. Realität und Theorie.* Frankfurt am Main: Klostermann.

Stiles, Kendall (1995): »The new WTO regime: the victory of pragmatism«. In: *Journal of International Law and Practice* 4: 3-41.

Strange, Susan (1988): *States and Markets. An Introduction to International Political Economy*. New York: Blackwell.

Strange, Susan (1995): »The limits of politics«. In: *Government and Opposition* 30: 291-311.

Strange, Susan (1996): *The Retreat of the State. The Diffusion of Power in the World Economy*. Cambridge: Cambridge University Press.

Strulik, Torsten (2000): *Risikosteuerung globalisierter Finanzmärkte. Herausforderungen und Initiativen im Kontext der Bankenregulierung*. Frankfurt am Main; New York: Campus.

Sydow, Jörg (1992): »Strategische Netzwerke und Transaktionskosten. Über die Grenzen einer transaktionstheoretischen Erklärung der Evolution strategischer Netzwerke«. In: Wolfgang Staehle/Peter Conrad (Hg.), *Managementforschung 2*. Berlin; New York: de Gruyter, S. 239-312.

Teubner, Gunther (Hg.) (1997): *Global Law Without a State*. Aldershot u.a.O.: Artmouth.

Teubner, Gunther (2000): »Privatregimes: Neo-Spontanes Recht und duale Sozialverfassungen in der Weltgesellschaft?« In: Dieter Simon/Manfred Weiss (Hg.), *Zur Autonomie des Individuums. Liber Amicorum Spiros Simitis*. Baden-Baden: Nomos, S. 4537-453.

Teubner, Gunther (2002): »Hybrid law: Constitutionalizing private governance networks«. In: Robert Kagan/Kenneth Winston (Hg.), *Legality and Community. On the Intellectual Legacy of Philip Selznick*. Berkeley: Berkeley Public Policy Press, S. 311-331.

Thompson, Grahame/Frances, Jennifer/Levacic, Rosalind/Mitchell, Jeremy (Hg.) (1991): *Markets, Hierarchies & Networks. The Coordination of Social Life*. London u.a.O.: Sage.

Türk, Klaus (1989): *Neuere Entwicklungen in der Organisationsforschung. Ein Trend Report*. Stuttgart: Enke.

Wallerstein, Immanuel (1979): *The Capitalist World-Economy*. Cambridge: Cambridge University Press.

Waltz, Kenneth (1999): »Globalization and governance. 1999 James Madison Lecture«. In: URL: *http://www.mtholyoke.edu/acad/intrel/walglob.htm.*

Weber, Max (1972): *Wirtschaft und Gesellschaft*, 5. Aufl. Tübingen: Mohr.

Weiss, Linda (1998): *The Myth of the Powerless State*. Ithaca; New York: Cornell University Press.

Wildavsky, Aaron (1973): *Implementation: How great expectations in Washington are dashed in Oakland; or, why it's amazing that federal programs work at all.* Berkeley: UC Press.

Williamson, John (2000): »What should the World Bank think about the Washington Consensus?« In: *The World Bank Research Observer* 15: 251-264.

Willke, Gerhard (2003): *Neoliberalismus.* Frankfurt am Main; New York: Campus.

Willke, Helmut (1997a): »Dumme Universitäten, intelligente Parlamente«. In: Ralph Grossmann (Hg.), *Wie wird Wissen wirksam? iff texte Band 1.* Wien; New York: Springer, S. 107-110.

Willke, Helmut (1997b): *Supervision des Staates.* Frankfurt am Main: Suhrkamp.

Willke, Helmut (2000): »Die Gesellschaft der Systemtheorie«. In: *Ethik und Sozialwissenschaft. Zeitschrift für Erwägungskultur* 11: 195-209.

Willke, Helmut (Hg.) (2001 [1998]): *Systemisches Wissensmanagement.* Stuttgart: Lucius & Lucius (UTB).

Willke, Helmut (2001a): *Atopia. Studien zur atopischen Gesellschaft.* Frankfurt am Main: Suhrkamp.

Willke, Helmut (2001b): *Systemtheorie III. Steuerungstheorie. 3. Auflage.* Stuttgart: Lucius & Lucius (UTB).

Willke, Helmut (2002): *Dystopia. Studien zur Krisis des Wissens moderner Gesellschaft.* Frankfurt am Main: Suhrkamp.

Willke, Helmut (2005): *Symbolische Systeme.* Weilerswist: Velbrück.

Willke, Helmut/Strulik, Torsten (2002): *Rating agencies als Institutionen der Zweiten Moderne? Die Produktion autoritativer Expertise und ihre globalen Steuerungseffekte. Abschlussbericht zum Forschungsprojekt an die VW-Stiftung.* Unveröffentlichter Bericht. Universität Bielefeld.

Wilson, Ernest (1998): »Inventing the global information future«. In: *Futures* 30: 23-42.

Wobbe, Theresa (2000): *Weltgesellschaft*. Bielefeld: transcript Verlag.

Wood, Lesley (2004): »Breaking the bank & taking to the streets: How protesters target neoliberalism«. In: *Journal of World Systems Research* X: 69-89.

Zacher, Mark/Sutton, Brent (1994): *Governing Global Networks*. Cambridge: Cambridge University Press.

Einsichten. Themen der Soziologie